Beat Jäggi   Spure

Beat Jäggi

Spure

Gschichten us em Alltag

Habegger Verlag
Derendingen

Alle Rechte vorbehalten
Copyright © 1984 by Habegger Verlag
Umschlaggestaltung: Paul Käser
Gesamtherstellung:
Habegger AG Druck und Verlag, 4552 Derendingen
Printed in Switzerland
ISBN 3 85723 210 2

Inhalt

I de Spure vom Vatter 7

S Schicksal vo der Anja Buechwalder ... 25

E Staatsaffäre 75

E Ryterromanze 97

Die tapferi Regula Kämpf 113

D Wiehnachtsüberraschig 143

Üse Franzli 159

I de Spure vom Vatter

Der Vatter Chönizer het s Läbe lang i der Clichéfabrigg Matter a der Aare gwärchet. En uusglichne Mönsch. Eine, wo si nit het loh abedrücke. Sy beschti Waffen aber isch der Humor blibe. Wenn em eine z gäih het wellen uf de Zechen umetrampe, isch er gwüss mit eme Witz bodiget worde. Do hets keini Bire gäh. I ihm innen isch e versteckte Schouspiler umetreit worde. Aber ebe: «Vogel friss oder stirb.»

Sys heimelige Huus am Büehlwäg isch ihm bis z letscht lieber gsi, weder vo einer Stadt i die ander zieh, vo de Lüüte bewunderet z wärde und wär weiss... E räblige Bueb und sy Frou Leni sin em eis und alls gsi. — — —

Wenn afangs Johr d Militärchleider vom Vatter Chönizer uf der Louben usse ghanget si, het mes gwüsst im Büehl usse: D Inspäktion isch noche. Paar Tag het me scho i der Nochberschaft ume goraklet:

«Do wird wider e Fuhre loufe. Do pfupfe doch alli uf em Inspäktionsplatz mit samt em Oberscht Bieri, em Kreiskommandant, wenn der Chönizer Fridel syni Sprüch abloht.»...

Sygs wies well, a däm Tag sin em die gröschte Faxen i d Sinn cho. Und wenn, wie gseit, im

Bäre bis i Oben yne der Vatter-Tag, wie me der Inspäktion gseit het, mit eme sprützige Waadtländerwy gfyret worden isch, het der Chönizer Hudi gha. Fryli hei d Cremeschnitte albe für sy Frou und der Bueb no häre müesse, bevor de Konditer näbem Bäre der Lade zuegmacht het. — — —

Item a einer Inspäktion het d Frou Leni am Morge scho bättlet: «Aber gäll, Fridel, chunnsch de z Obe chly früehner hei, i ha drum drei Fründinnen yglade. Die wei ou mol vo dyne Supercremeschnitte versueche.»

Das het sie hingäge nit zwöimol müesse säge. He jo, für ihn isch eis klar gsi, ass er syni Sprüch muess chlopfen und by dene drei Fründinne «Hahn im Chratte» darf sy.

Er het Wort ghalte mit sym Verspräche und bezyte — um die Föifi ume — stoht er scho vor der Huustüre. Me ghört ne singe: «Im Röhöseli Gaharte döhört wihill dir waharte, ihim grüene Chlee, aham blauhe Seeee.» Mit em Tornischter hottschreeg am Rügge tröglet er d Stägen uuf. E grossi Schachtle mit Cremeschnitten i der Hand. I der Stube lache die drei ygladne Froue scho uf Vorrot. Und won er zu der Türen yzwirblet, d Haxe zämeschloht und si uf französisch mäldet: «Je suis heureux d ètre à la maisong», isch s grosse Goudi do gsi.

Wie d Frou Leni d Torteschuufle vom Buffert wott näh, proteschtiert der Fridel: «Nüt do, das isch nit ordonnanzmässig.» Er zieht der Sabel use, goht dermit i d Chuchi use und het ne under e heiss Wasserhahne.

«Das isch bym Donner hygienisch!... do hets keini Bazille meh dra, es het sie putzt, die Hagle», bhouptet er.

So wärden ebe die Cremeschnitte ordonnanzmässig uf d Täller use gschuuflet. D Froue rüehme i allne Tonarte und der Fridel het sys Pläsir. Derwyle, dass er d Underhaltig by dere flotte Gaschtig aheizt, huuret sy Bueb Toni am Bode und spilt ou uuf, aber mit Chaschperfigure. Der Vatter wird i sym Wydusel inne eiswägs wie schlampigs Chruut. D Ougsdechle drohlen em zue. Gly döset er im Ohrefauteuil y.

Jetz blüejit em Bueb sy Weize. Potz, dräijt dä uuf

«Tra-tratrallalla
Der Chaschperli isch wider da.

Liebi Chind, jetz chunnt es Stück vo der Häx Mäschle. Sie het der Chaschperli welle verwütsche. Derby het är sie verwütscht und sie in e Wejier gstöikt, ass sie pfludimuus nass worden isch.

Tra-tratrallalla
Der Chaschperli isch gäng no da.
D Häx chunnt nümme holdrio,
Gället, Chind, jetz syt dir froh.»

D Froue dräjie si uf de Stüehl und müessen ihri Büüch ha vor lache. Der Toni zieht alli Regischter:
«Tratratrallalla
Der Chaschperli isch nümme da.
Und wyter goht es morn am Drüü,
I laden euch grad alli y.»
«Bravo, bravo! Toni!»
«Du Leni, das git e lybhaftige Schouspiler. Das Talänt, wo dä Chnüderi scho het.»
«Us däm gits öppis.» . . .
Jetz schiesst der Vatter us em Schlof uuf.
«Wa-has, Schouspiler? . . . Wär git e Schouspiler?» . . .
«He, eue Bueb, der Toni!»
«Das sell mer nit blüejie!» . . .
«Aber, Herr Chönizer, dir heit jo ou e schouspilerischi Odere.»
«Das isch mir pfyfeglych.» . . .
D Frou Leni blost das Gfächt ab. «Vatter, ‹der Apfel fällt nicht weit vom Baum›, und jetz mach us dyner luschtigen Inspäktion nit non es dumms Gstürm.»
Der Toni am Bode het e Chaschperdoggel uuf und chräjit
«Tratratrallalla,
Der Chaschperli isch wider da.»
Jetz muess der Vatter sogar ou no lache. Sys Gsicht heiteret wider uuf.

* * *

Die fidelen Inspäktione si langsam z Änd gange. Der Fridel Chönizer het sy Ruschtig chönnen abgäh. Öppis isch us dene Zyten aber blibe: em Bueb sy Schouspilerkunscht. Es isch um d Bruefswahl gange.

«Vatter, i wott i d Schouspilschuel uf Wien».

«Wär git dir der Chlüder derzue?... E brotlosi Kunscht, Toni, schloh der dä Zouber us em Chopf. Du machsch mer e koufmännischi Lehr. De chasch mynetwäge im ene Laietheater der Ginöffel mache, wenn doch scho so druuf brönnsch, uf de Theaterbühnine ume z bajasse»...

Mit Schyn het der Bueb uf e Vatter glost. Im Chleidergschäft Minder isch er am ene Mändig uusgänz Aprille goh astoh. Der Prokurischt Chüttiger vo dört het ne ygfüehrt und em frei echly Muet gmacht. Zum Chrüzgang isch em die koufmännischi Schuel worde. Nüt weder dere blödi Buechhaltig! Rächne und frömdi Sproche. Düütsch, sys Lieblingsfach, fascht nienen uf em Stundeplan. Der Toni i sym Schruubstock hätt eim chönne duure. Im Gschäft sälber wär er aschickig gsi, fründlig und ebe, öppemol isch em der Schalk durebrönnt. Der Schouspiler in em innen isch immer meh erwachet.

Vom Diräkter bis zum Büroschangli het er

alli chönne nochemache im Tuedium und im Rede. Hättet das Goudi albe selle gseh ...

I der koufmännische Schuel het er si chly öppis meh as es Johr glitte. D Note schlächt und rächt. Im Düütsch hingägen e blanke Sächser. Der Rekter vo der Schuel het em Diräkter vo der Chleiderfabrigg z verstoh gäh, wenn der Toni Chönizer in allem so starch wäre wie im Düütsch, wär er en Uuspunt. Öppe mol chöms derzue, dass er der Underricht tüe störe, Faxe trybi und Grimasse schnydi wien e Schouspiler. Är für sy Pärson tät däm Früchtli abrote, sy koufmännischi Lehr fertig z mache.

«Das git e Kommediant, nüt anders. Dä sell doch zum Zirkus Knie.» ...

Fryli het der Diräkter nit vil gha uf dene Belehrige vom Rekter. «I ha ou scho Ginöffle gha vo Lehrlinge, wo spöter der Ärnscht vom Läben erfasst hei. Mir wei däm tuusigs Toni immerhin e Chance gäh, scho sym Vatter z lieb. Dä het fryli ou e schouspilerischi Odere. Aber er goht sym guete bürgerliche Bruef noche.» ...

Das wär alls schön und rächt gsi mit dere Chance. Aber der Toni Chönizer het alls sälber verto. D Schwänzerei i der koufmännische Schuel isch is Guettuech ynegange. Und no öppis, der Lehrling isch meh und meh mit em Schouspiler Herder z Aarstette zämecho.

Dä het em der Täxt vom «Täll» und am Schiller syne «Röiber» zuegha.

Der Zuefall wills ömel, dass e Verträtter vo der Chleiderfabrigg i der Zyt, wo der jung Chönizer hätt sellen i der Schuel sy, dä im Rotschäller atrifft, ebe wider mit em Schouspiler Herder.

Vo der koufmännische Schuel isch ei Morge der Bricht cho a d Diräktion, der Lehrling heig soo vil Absänze, dass er chuum meh mög an ere Abschlussprüefig gschlüüfe.

I dere Zyt isch no öppis anders gscheh, wo em Toni Chönizer s Gnick het müesse bräche. Das isch so gange, loset nume: Er het für zwe Monet d Poschtmarggekasse z füehre gha. Der Prokurischt Chüttiger ertappt ne, wien er am enen Obe zwo Zwänzgernote druus nimmt und närvös d Kassette wider bschlüsst. Der Chüttiger seit einschtwyle keis Wort. Erscht am Morge druuf frogt er ne ganz energisch, «Stimmt dy Kasse?» Der Lehrling pukt: «My Kasse het no gäng gstimmt. I bi denn nit eso eine wie dir gloubet.» Der Chüttiger uf ne Wäg weicher: «Bis jetz han is ou gloubt. Bürschteli, muesch den anderne Lehrlinge keis schlächts Byspil gäh. Jetz wei mer grad luege, wie guet ass dy Marggekasse stimmt.» Der Chüttiger schnellt em Toni d Kassetten und s Kassebuech zum Pult uus, springt dermit is Konferänzzimmer übere und überloht der Lehrling sym schlächte Gwüsse. Süttig heiss fahrts em Toni der Rüggen uuf...

In ere Stund goht ganz hässig d Lädertüre vom Diräkter uuf.

«Toni, chumm do yne.» Im Diräktionsbüro hocket ou der Prokurischt Chüttiger mit der Kassetten und em Kassebuech vor an em. Das Hagelwätter, wo über e Lehrling goht, hätt nümme chönne strüüber sy.

«Es Manggo vo vierzg Franke hesch, Toni!» donneret ne der Diräkter a. «Für was hesch das Gäld bruucht?»...

«He-he-he», stagglet der Lehrling, «Büechli vo Schouspil han i welle choufe. I hätt s Gäld aber wider zruggto.»

«So, so, nume nüt für e Bruef. Das glycht dir wider. Was wei mer jetz mit dir afoh? Du hesch alls verdorbe. Übers Bohnelied uus d Schuel gschwänzt und jetz non e Griff i d Kasse. Alls Lug und Trug! So chönne mir nümme gutschiere zäme. Do hesch die schriftlichi Chündigung. Du bisch frischtlos entloh. Dy Vatter wird e schöni Fröid ha.»

Der Toni pfäit si wien es schüüchs Huehn. Der Prokurischt Chüttiger und die andere Lehrlinge luegen em höhnisch und verächtlig noche. Vorusse chan er uf ne Wäg uufschnuufe. «Gottlob zu dere elände Chefi uus!» Aber jetz d Angscht vor em Vatter. Wie ne Blitz fahrts em dur e Chopf: «I goh schnuerstrakts zu üsem Huusdokter Schilling. Dä cha mer vilicht hälfe i myner Not.» Jo, däm chan er sys ganzen Eländ chlage, zu däm het er Vertroue.

«Toni, i chume hüt z Obe mit dym Vatter cho rede. Gib mer d Chündigung. Du bisch jo am Rand mit dyne Närve.»

«Herr Dokter, i gibe myner Läbtig kei Koufmann. Schouspiler wott i wärde.»...

«Jo, das luege mer de no!»

* * *

Chuum isch der Vatter am Obe zu der Türe ytrampet, chlopfet gwüss scho der Dokter Schilling dusse. Em Chönizer chunnt das spukig vor.

«Waaas, der Herr Dokter, mir hei doch kei Patiänt im Huus!»...

«Doch, doch, Herr Chönizer, syt hüt. Chönne mir under vier Ouge rede mitenand? Der Toni cha derwyle chly i d Chuchi use zu der Mueter.»

Der Vatter weiss nit, sell er sy Jüngling so rächt vatterländisch i d Finger näh und ne sy Handschrift loh gspüre.

«Die Blamaasch!... Was macht mer dä donners Tönu no ane. Jo, das isch e fertige Kommediant. Het dä noni gnue Theater?»...

«Vatter Chönizer, nume süüferli!» Der Dokter Schilling nimmt ne am Arm.

«Eue Suhn isch en arme plogete Kärli. Do

chönnet dir nüt derfür, nit emol är sälber. Loset, er isch gfährdet e Närvezämebruch überzcho. I weiss, dir syt enttüüscht, heit e tüchtige Koufmann welle loh machen us em. Aber das wird er syner Läbtig nie; er het aber ou s Züüg nit derzue. I gsehne scho ehnder as Schouspiler, wüsset er, er het si z hert i dä Bruef verlyret.»

Der Vatter isch prätschet und gschlage. «I weiss nümme wyter!» . . .

«Aber i weiss öppis», tröschtet ne der Dokter. «Es halbs Johr in es Närvenerholigsheim. I machen es Zügnis, ass er cha goh. Andersch gohts nit. I dere Zyt cha eue Toni über alls nochedänke. Vilicht chunnt er uf nes ganz anders Trom, wär weiss.» . . .

«Aber dä Zytverluscht!» jommeret der Vatter.

«Zytverluscht», lachet der Dokter. «I dere schnälläbige Zyt heie-hei. Was isch es Johr, was si paar Monet? Nüt und wider nüt.»

Wo der Dokter no meh as ere Stund wider zu der Türen uusgoht, chlopfet er em Vatter uf d Achsle: «Aber gället, löht jetz d Wuet nit öppen uus a euem Toni. E Närvezämebruch isch nit guet für so ne junge Mönsch.» . . .

Guldig dä Dokter Schilling, eifach guldig. Er schüücht si nit, ou bym Diräkter vo der Chleiderfabrigg verby z goh und em Toni goh z bescht rede.

«Was macht e junge Mönsch nit alls, wenn er kei Uuswäg meh gseht, wenn er am Verzwyflen isch. Herr Diräkter, die junge Mönsche vo hüt hei nümme die starke Närve. Wie vil dösen i ihrne Depressione i de psychiatrische Kliniken ume, föh a ruuschgiftle. Der Lehrling Chönizer wär uf em beschte Wäg ou ryf gsi für dörthäre, won i meine.» . . .

Der Diräkter zeigt ums Verwundere Verständnis für s Alige vom Dokter Schilling.

«I ha ou öppis glehrt derby. Wenn er d Hälfti weniger gloge hätt, wärs no eis gsi.»

«Ei Bitt han i no, Herr Diräkter», meint der Dokter mit syr fyrlige Baritonstimm, «settet dir spöter Afrogen übercho, sygs wäg ere Stellebewärbig oder süscht wägen öppis, fahret nit z gäih dry. Dä jung Kärli het non e ganzi Zuekunft vor an em.»

Ums Merke pflichtet der Diräkter by. «I wirde zruggha und das wäg em Gäld verschwyge, ebeso d Schuelschwänzerei.»

«De simer einig, Herr Diräkter, i danken ech, ass dir mir abglost heit.»

* * *

Uf s Zügnis vom Dokter hi het der Toni gly in es Närvenerholigsheim chönne. Die sächs Monet si im Hui verfloge gsi. I der Zwüschezyt het er Zytigsartikle gschribe, für chly öppis z verdiene. Und es isch also derby blibe.

Der Toni het hous oder stächs zum Theater welle. I syner Erholigszyt het er e grosse Teil vo de klassische Drame duregläse und yfrig mit em Schouspiler Herder z Aarstette tschärmiziert. Dä het ne no fertig chönnen azünde.

Der Vatter isch non es letschts Mol i Jääs cho wäge der Schouspilerei. D Mueter und d Tante-Gotte Greti, wo das wäg em Studiegäld greglet het, hei ne ghörig a d Halftere gnoh.

«Wenn men i de Spure vom Vatter louft, muess me für dä Bruef ou Verständnis ha», meint d Tante Greti ganz dezidiert. «Fridel, du bisch dyner Läbtig ou e Fazikus blibe. Isch s öppe nit eso?»

Der Vatter Chönizer verzieht s Muul zum ene breite Lache, «Kommediantebluet, tjo! He nu, der Tönu hets halt nit gstohle.»

Jetz isch der Wäg frei gsi i d Zuekunft vom ene junge Mönsch. Bühniluft afoh schnuppere, he jo, wenn me däwäg bsässen isch vom Theater.

As Statischt im «Troubadour» und i «Samson und Dalila», a iteliänischen Uuffüehrige!

Es Johr spöter im ene grosse Feschtspil vom Arnold Schwengeler als Bot. Dört het er die markante Värse müessen uusrüefe «Frankreich marschiert, es weht die Trikolore/Auf Freiburgs Mauern und in Solothurn!» By däm Uusruef het er müesse zämebräche.

Druuf isch die grossi Entscheidig cho. Der

Schouspiler Herder, wo jo derwyle sy vätterlig Fründ und Beroter worden isch, het churz und bündig gmeint: «Gang as Reinhard Seminar uf Wien!»...

Me cha fascht säge, «kam, sah und siegte». Scho as Nüünzähjährige het er mit em Diplom s erscht Mol dürfen uufträtte a de «Götz»-Spile z Jaxthuuse mit der Rollen as Georg. Druuf si zwöi Johr am Stadttheater z Rheydt cho. Zwöi Johr z Wuppertal und zwöi Johr z Braunschweig. Er isch i Ysatz cho as junge Komiker. Radio- und Färnsehrolle sin em zuegschobe worde. A de Feschtspil vo Hersfäld het er der Puck is Shakespeares «Summernachtstroum» dürfe darstelle. Frankfurt, Hamburg si die nöchschte grosse Statione worde.

I der Zyt het si der Vatter mit allem abgfunde gha. Kei Hungerlyderbruef also, wien er gangschtet het! Derzue ne glücklige Suhn, wo vo eim zum ander Erfolg — me cha scho so säge — gschobe wird.

Ass men i der Schwyz süüferli vo däm junge Schouspiler het afoh rede, isch nüt weder nume rächt gsi.

Uf die nöchschti Theatersaison het me s Luschtspil «Der Diener zweier Herren» vom Goldoni ufs Programm gsetzt gha. As Gaschtspiler der Toni Chönizer mit der Houptrollen as Diener.

Zäntumen i de Wirtschaften und i de Gasse z Aarstetten isch vom junge Schwyzer gredt worde. «Chan er ächt ou das, wo me von em verspricht?» I Schare si d Lüüt a der Premièren uufgchrüzt. Ömel ou der Dokter Schilling, wo em Toni z bescht gredt gha het bym Vatter und bym Diräkter vo der Chleiderfabrigg.

Under de vile Lüüt, wie hätts ou chönnen andersch sy, hocket ömel ou der Prokurischt Chüttiger, eine, wo em Schouspiler vo der Kassenaffäre här gar nit grüen gsinnt gsi isch. Aber der Gwunder — göht mer ewäg — isch doch stercher gsi, weder der gheim Groll und die gheimi Pigge.

Es alts Sprüchwort «Wenn men öpper nit mag, stellt men em ou kei Mejie», gilt ou hüt no. So isch s ou bym Herr Chüttiger gsi. Ihm het der Byfall für e Toni Chönizer ufs Gäder gäh. Dur die ganzi Première dure chan er si nit überha. Er muess linggs und rächts sprütze. I der grosse Pouse wieglet er e Zylete Theaterbsuecher gäge Toni uuf.

D Schuelschwänzerei, die frischtlosi Entlassig, s Manggo i der Marggekasse wird ume nöi uufgwärmt. D Lüüt um e Chüttiger ume schüttlen unglöibig der Chopf. I der grosse Pousen erbchunnt em ömel ou der Redakter Christoffel vom Aarstetter Intelligänzblatt. Däm füüret der Chüttiger ganz ghörig undere. Der Redakter lost das ganze Sünderegischter mit ere bsundere Gier ab.

«Jo, Herr Chüttiger, i hätt ou ‹Vorbehalten› azmälde by däm Schouspiler», meint er mit eme spöttische Underton. «Überzüüge tuet mi dä jung Chönizer öppe ganz und gar nit.»

Item, d Première wär dure gsi. D Kritiken i de Zytige si uf ene Wäg ei Verriss gsi. Nume der Dokter Glaser vom Aarstetter Tagblatt het dört duren en Uusnahm gmacht. Für ihn isch der Toni Chönizer en Überraschig gsi. «Taläntiert, grossartig d Rolle duregspilt. En Uuffüehrig, wo em Stadttheater guet tuet.» Wyter heisst's «Äntlige wider e Schouspiler, wo huushöch über den andere stöh» ...

Grad die Kritik het alli andere, wo am Spil «Der Diener zweier Herren» mitgmacht hei, stocksuur gmacht. Alli wären am liebschte em Toni Chönizer uf d Zeche trampet. No vier Uuffüehrige! ... S het afoh harzen und stinke hinder de Gulisse. Derwylen isch ou em Prokurischt Chüttiger sy Saat uufgange und in es heiloses Intrigespil uusgartet.

Me bchönnt d Parable vom Chüssi mit de Fluumfädere, wo uf em Chileturm uusgläärt wird. Vo dene Fluumfädere si wäger ou zum Diräkter Obermeyer vom Theater und de andere Schouspiler gwirblet ...

Wie gseit, die hinder de Gulisse hei Wind

übercho vo de Jugedsünde vo ihrem Konkurränt. In ere churze Zwüschepouse het der Toni gspannet, ass do ne ganz dicki Luft muess sy under syne Kolleginnen und Kollege. Ass men em dört nit grad diräkt der Schelm vor gha het, isch alls gsi. Dänk men ou, em Prokurischt Chüttiger sy Drachesaat isch für die andere Spiler mit em Duurvertrag wie Opium gsi. Sie hei si beruuscht dra und si ihrer Sach für d Zuekunft wider sicher gsi. Em Diräkter Obermeyer isch s derby vorcho, er wett lieber e Badwanne voll Flöh hüete, weder e Graglete Schouspiler, wo vom Intrigespil packt si. Nu, er isch diplomatisch blibe, bis er vor d Wahl gstellt worden isch, entwäder die Üebig mit em Chönizer nom churze Gastspil abbrächen oder ihri Chündigung. Das isch z vil gsi für e Theaterdiräkter. A der letschten Uuffüehrig isch s Stadttheater nomol gstosse voll gsi. Fryli hets vil Lüüt gha, wo em Chüttiger syni boshafte Verläschterigen ou z Ohren übercho hei. Der Gwunder het sie aber glych gstoche, wie eme Ross der Haber. Die Uuffüehrig isch für e Toni zum Triumph worde. Är so rächt im Elemänt! Es Chaschper-Couplet as Ylag het d Lüüt vo de Stüehlen uufgchlöpft. Byfall, Byfall und no einisch Byfall by jedem Uuftritt. Das het die andere hinder de Gulisse so rächt muff gmacht.

Wo d Uufüehrig z Änd gsi isch, het der Toni no x-mol uf d Bühni müesse. Blueme si z flüüge cho. Won er no s letscht Mol si vor e Vorhang isch goh verböige, het em der Diräkter Obermeyer zynisch nochepängglet: «Göht no einisch, eui Verwandte klatsche.» Das het der Toni hingäge nit uf em loh hocke. Er brüelet der Obermeyer vor allne Schouspiler a: «I däm Fall isch mer der ganz Theatersaal verwandt, gället.»

Drei Tag spöter stoht der jung Schouspiler für d Abreis parat im Diräktionsbüro.

«Ab de Schine, so gly wie möglig zu däm Häxechessel uus», het sy inner Stimm uufbegährt. Der Obermeyer probiert diplomatisch zu allem gueti Mine z mache.

«Nähmet Platz, Herr Chönizer, darf ech — es Goniagg offeriere? Nähmet er e Zigarre?»

Der Toni blybt wien e Süüle stoh. Der Diräkter bringt ne nit uf e Sässel.

«I cha nit hüüchle. Es sell by däm Gaschtspil blybe. Rüefet mi jo nie meh a eui Bühni. I ha gnue bis obenuse. S Theaterpflaschter z Aarstette isch herter as nöimen anders, das si myni bitteren Erfahrige.»

«Jo, Herr Chönizer, euers Vorläben isch ebe by myne Schouspiler umegeischteret.» ...

«Herr Obermeyer, i wett nit öppen i der Vergangeheit vo eune Schöfli uf der Bühni goh umenuusche. Es chämte vilicht ou Sache vüre, wo me chönnt uusposune und zum Stadtgschwätz mache. Eine wäge Jugedsünde spöter däwäg goh uufhänke, isch bünzlihaft, spiessbürgerlich. Aber ebe, eine hets fertig brocht, sy Giftsprütze mit Würkig z bruuche. Dä fein Herr Chüttiger! I hoffen eis, Herr Diräkter, ass alli eui Schouspiler moralischi Uuspünt blybe. Und jetz, läbet wohl, uf nümme Widerluege.»

Der Toni Chönizer loht ne verlägne Theaterdiräkter zrugg.

Im Zug Basel–Frankfurt, wo halb läär isch, oraklet er für nen ane. «I goh und blybe glych no i de Spure vom Vatter, wenns mer ou himmellingg gangen isch deheime. Adie Schwyzer-Theater.» I sym Galgehumor toucht by ihm der Chaschperli uuf.

«Tra-Tra-Trallalla,
Der Chaschperli isch wider da.
My Humor, dä bhalt i by,
Wenn die andren Esle sy.»

Mit däm Stückli chan er e Mueter mit zwöi Chind so rächt zum Lache bringe. «Feins Publikum!» rüehmt er.

«Tra-Tra-Trallala,
Der Chüttiger isch nümme da.» ...

Druuf loht er e Jutzger loh fahre und rüeft so luut er cha i Bahnwagen use: «Jetz bin i wider vogelfrei! Frankfurt, du bisch mer Gottwilche!» ...

S Schicksal vo der Anja Buechwalder

Flüchtling

Der Russlandschwyzer Sergius Buechwalder het dur d Hilf vom ene kommunistische Funktionär vo Moskau uus uf Litaue i d Ferie chönne. Är sälber und sy Apithegg i der russische Houptstadt si lang uusgspioniert gsi. Und für e Buechwalder het das bedüütet, uf ne raffinierti Art z verschwinde. Churz, der Bode vo der gcheblete Freiheit, im «Paradies», isch für ihn süttig heiss worde.

Mit syner Frou Nadja, ere geborene Russin, und em chlyne Töchterli Anja isch er z Wilna i der Houptstadt vo Litauen acho. Dört het e Fründ us der Studäntezyt, der Apithegger Alfonsas Putinas, das Trio fescht i d Arme gnoh.

«Dä bleiben! bei mir! in meine Apotheke arbeiten. Nie mehr Sowjetunion! Dir, Sergius, Sibirien sicher.» ...

So nes Glück im ene frejie Land, in ere frejien Apithegg chönne schaffe, wohl, das het der ganze Famili Buechwalder Uuftrib gäh. Aber eben alls wär jo z schön gsi, es Märli, wo nit darf wohr sy.

Russische Sand im Rederwärch vo Litaue

het do und dört scho öppe chly stobe. He jo, d Sowjetunion het scho 1934 e Pakt vo 1926 nöi uufpoliert, mit der Abmachig, me well enand nie agryfe. Der russisch Bär het also mit einer Tatze s Ländli Litaue scho agchratzet gha.

Am 10. Wymonet 1939 hets der Stalin sogar fertig brocht, der Regierig vo Litaue e nöjie Pakt uufzzwinge, wo do usegangen isch, me well nand z Hilf cho, wenns nötig setti sy. Also d Muus i der Falle! Päng! Grad dä Pakt isch em Apithegger Buechwalder as Läbige gange.

«Essig mit eme sichere Läben im ene frejie Land», süüfzget er. Luegt derby sy Fründ Alfonsas Putinas lang a, wie wenn er wetti froge: «Hesch du der Pfäffer no nit gschmöckt?» ... I schloflose Nächte het er mit syner Frou Nadia öppe mol grätslet.

«I bi missträiisch, — das chunnt nit guet use. Mir wäre gschyder grad i d Schwyz is Bärner Oberland zu üsne Verwandte gange. My Fründ Alfonsas isch meh weder guet zue mer und zahlt e schöne Lohn. Derby cha üsi Famili ou scho styf litauisch rede. Aber ebe, i gseh kei Zuekunft meh für üs. Ou do wird mer der Bode heiss under de Füesse. Ass i z Moskau uf der schwarze Lischte bi und i mit der Zyt ou do uusspioniert wirde, isch nit bloss Ybildig vo mir. I ha dört dure mys bsundere Gspüri, chasch mers glouben oder nit.» ...

Em Apithegger Buechwalder syni bösen Ahnige si wyter umegeischteret und gly isch ou sy Fründ einig gange mit em.

«Du wirklich grossen Riecher abest. Vieles isch gemerggt abe in letzte Zeit. Subversion durch Sowjetunion. Dumme Litauer sich lassen ghaufen. Mh ... Verrat! ... Dumme Gheiben! Europa, ade! I der Nähe Itler, dort Stalin. Wir zerrieben werden wie Getreide.» ...

Am 15. Juni 1940 isch die roti Armee uufgchrüüzt und het Litaue bsetzt. Der gross «Brüeder» isch em chlyne «Brüeder» z Hilf cho mit der uufgleite Lugi, die Düütsche welle Litaue agryfe.

Vierzäh Monet spöter isch Litaue uf der Landcharten as vierzähti Sowjetrepublik ytreit worde. D Schiggane si losgange. Kei Mux! Schwyge! Der Vatter Buechwalder isch mol vom enen Obeschoppe nümme hei cho. Der Schlag heig ne troffe, er syg im Stadtspital vo Wilna uufbahret, isch e churze, mutze Bricht cho. Tragisch! Sy Troum vom Bärner Oberland by de Verwandten isch Troum blibe. Für d Mueter Nadia und s chlyne Töchterli Anja si schwäri Zyte cho. Fryli hei sie vo ihrem guete Fründ Alfonsas meh weder gnue Hilf gha. Aber die russischi Bsetzig isch nümme gsi z erträge. Wie z Moskau isch s ou das Mol e Russ gsi, en Underoffizier, wo die zwöiti Flucht möglig gmacht het — i Weschte. D Frau Buechwalder het ebe mit ihrem pärfäkte Russisch dä Sergeant chönne weich mache. Ihre, wo dur d Hürot Schwyzeri worden isch, und so guet russisch wie düütsch gredt het, het me nit no Stei i Wäg gleit. Aber ebe, Flucht isch Flucht. I de Schützegräbe gäge der düütsche Gränze zue, wo s Rägewasser wien e Bach abegrünnelet isch, het d Herti vom Läbe so rächt zuegschlage. Ghetzti Mönsche, Froue, Greise, Chind, uusgmerglet, äng näbenand, hei, me cha scho säge, uf ihrer Flucht, versteckt i der Deckig numen eis Ziel gha: zu der Höll uus. I d Freiheit, tot oder läbig.

I der Schwyz

Dur d Vermittlig vom Rote Chrüüz si de Frou Buechwalder und s Chind Anja am ene muusgraue, chalte Morge z Bärn vo de Verwandte vom Oberland erwartet worde. Me het enand nume grad vo zwe churze Bsüech und vo Fotegrafie här bchönnt. Fryli hei die zwöi Ghetzte no zersch müessen uufpäppelet wärde. Beimager, verchöltet, verpfnüslet, verrümpfti, abgschossni Chleider, das isch die usseri Schale gsi vo zwo Jommergstalte.

* * *

Für d Anja isch no der normale Schuelzyt und scho wäge der guete Vorbildig vo der Apithegg här, d Sunnen am Horizont z grächtem uufgange. I der Laborantinneschuel vom Ängiried het sie dürfe d Lehr aträtte. Ihre heissischt Wunsch scho vo ganz chly uuf!

Sie mit ihrne choleschwarze, länge Hoore und eme schneewysse Gsicht het us allne Lehrtöchteren usegstoche. Nit vergäben isch sie scho gly zu ihrem schönen Übername Schneewittchen cho. Zum Verwundere wär keini vo ihrne Kolleginne schalus worde, nei, jedi isch um sie umegschwänzlet, für by ihren im guete Liecht z stoh.

Vilicht het grad das Bsundere, das Frömden azoge. Jetz aber s Beschte: Uf d Sunndigen und Feriezyt hi, säget mer nüt, die Töchtere hei si fascht grissen um ihri bsunderi Kollegin.

«Anja, bisch by üs yglade!»...

«Mir hei es schön Zimmer deheim für Gäscht!»...

«Anja, Vatter und Mueter wette di ou lehre bchönne, chumm doch mit mir i Urloub.»...

«Anja, üse schön Garte settisch gseh, du, wo d Blueme jo so gärn hesch.»...

«Anja, mir hei am Samschtig e grossi Yladig, mit vile Gäscht, do chasch du mir doch gwüss kei Chorb gäh, — oder?»...

So isch s gange hin und här. Anja do, Anja

dört. Und erscht no, wo der Dokter Regez nach ere Stund über e Starrchrampf mit der Hand vor em Muul der Klasselehreri zueblinzlet und gchüschelet het, s Fröilein Anja chöm ihm vor wien e russischi Zaretochter, si d Kolleginne anderhalb elektrisch worde. Schier nit gnue Samschtigen und Ferietage!

D «Zaretochter» het dur das die ganz Schwyz lehre bchönne. Ass do und dört e Brüeder von ere zuekünftige Laborantin der Anja het afoh höfle, isch so klar gsi wie Brunnewasser.

Vilicht het grad ihres vornähme Wäse — im guete Sinn — die junge Verehrer azoge, wie die süesse Truube d Wäschpi.

D Mueter Buechwalder isch as gschätzti Verchöiferi in ere Drogerie z Interlaken scho lang der Liebling vo de Chunde gsi. Jüngeri Witligen und Junggsellen uf der Gnepfi hei eismols all der Gugger für Sache bruucht us der Drogerie. Aber ebe, sie hets prezis wie ihri Tochter gha. Vornähm sy, nit schwärmgeschtele, wenn es Kumplimänt cho isch. Nit öppe stolz, ganz und gar nit.

* * *

As d Anja am Änd vo der Laborantinneschuel ihrer Mueter es Glanzzügnis het dürfe spienzle, ghört zum ganze Bild.

Ebe vo jung uuf seriös schaffe. D Sach ärnscht näh. Nit umeschäckere und meh Zigerette blosen as ässe. Do drinn isch s Gheimnis vom ene ryfe, junge Frouepärsönli gläge.

Nume grad us eme halbdutze Spitäler isch no der Anja gefrogt worde. Jo, me cha scho säge: a jedem Finger e Stell. D Flucht us em rote Paradies z Moskau uf Litaue, i de Schützegräbe Meter für Meter nom Weschten i d Freiheit, het by däm grosse Glück i der Schwyz gly chönne vergässe wärde.

Ass d Anja dezidiert im Inselspital e Stell het wellen anäh, chunnt nit vo ungfähr. «I ha no lang nit uusglehrt», lächlet sie e junge Mediziner a, wo sie für nes anders Spital het welle dinge.

«Lueget, Herr Dokter, i gibe mi mit däm, won i i der Laborantinneschuel glehrt ha, no lang nit z fride. De Mönsche wott i diene. Chrankete hälfen usefinde. Grad das reizt mi ebe. Und wo chan i für my Zuekunft meh lehren as eben i der Insle, wo so vil Mönsche zwüsche Läben und Tod hangen und bange.» ...

Am ene prächtige Mejiemorgen isch d Anja s erscht Mol im grosse, sunnige Labor gstande. S Chäschtli mit de Bluetglesli, Sprütze und d Lischte vo de Patiänte uf de Statione parat.

Die erschti Rundi as fertigi Laborantin foht a. Trüebi, heiteri, vom Chummer plogeti, aber ou vo de Schmärze verunstalteti Gsichter trifft sie i de Chüssinen a. Jede Mönsch wider ganz andersch. Frouen und Manne mit eme Funke Hoffnig; wider anderi mit läären Ouge, wos verspilt gäbe.

Mit der Zyt hei die Chranknen uf mänger Station fascht wie Chind uf die bildhübschi Laborantin planget. So isch s Bluet näh, wo vilne ne grüüsligi Sorg bedüütet het, eismols nümmen as Tortur vorcho.

«Potz, cha die mit ihrer Sprütze fyn umgoh. Nüt gspürt me. Und anderi murxe däwäg, plogen eim, bis sie das bitzeli Bluet hei. De packe sie eim erscht no grobiänisch a!» ...

Eso hets zäntumen afoh töne. Wie verhäxet! Eismols isch der Übername «Schneewittchen» ou uuftoucht. S isch doch kei Laborantin vom Ängiried i der Nöchi gsi. Es wär eigetli no ganz luschtig gsi, i dene Zimmer umezlose — am Obe vor em Yschlofe.

«Chunnt ächt s Schneewittchen morn ou wider cho Bluet näh? Öppe jo nit d Selma, die packt eim am Arm, wie wenn sie ne Wuet müesst abreagiere.»

D Assistänte si süscht sälten oder nie im Labor uuftoucht. Syt aber d Anja dört der guet Geischt gsi isch, isch allbott eine so per äxgüsi ynetrampet.

«Fröilein, wie isch s Bluetbild vo däm und däm?»

«Fröilein, isch der Cholestrinspiegel vo der Frou Sowieso gäng no z höch?»

«Fröilein, wie höch isch der Quickwärt vom Infarktpatiänt im Zimmer 102?» ...

D Anja isch gmerkig gnue gsi, für z gspüre, wo das yfrige Förschlen use het welle. Chly erschrocke muess sie glych e jungen Assistänt agluegt ha, won ere dä in ere Znüünipouse zuechüschelet: «Fröilein Buechwalder, i hätt zwo Freicharte is Stadttheater am Samschtig z Obe. ‹Der Schwanensee› vom Peter Tschaikowsky, eme russische Komponischt, wird gäh. Dir bchönnet doch sicher der Tschaikowsky?»

«O, Herr Dokter, so guet fascht bis zum Überdruss. Wüsset er, i ha dört dure chly en andere Gschmack. D ‹Zouberflöte› vom Mozart isch mer de zähmol lieber.»

Der Anja fahrts dur e Chopf: «Dä will allwäg uf Moskau aspile, dä Schlaumeier. Er muess en Ahnig ha, ass i as Chind mol dört gläbt ha.» D Wält isch ebe chly, grüüsli chly, wenns druuf achunnt.

Nu, das offne und verminggmängglete Nöchberle het d Anja nit häftig i Gusel brocht. Sie mit ihrer ryche Läbeserfahrig isch no lang nit rot worden im Gsicht, wenn zwöi Hosebei under eme wyssen Assistänteschurz gfäcklet hei ...

* * *

Ei Samschtig, ume Mittag ume — si wott grad uf em Bus gägem Bahnhof is verlängerte Wuchenänd fahre — isch öppis gscheh, won ere töif as Läbige gangen isch.

Chunnt do nit e Töfflifahrer langsam derhärzsurre, macht ob allem Fahren es Deckelchörbli uuf und rüehrt es schwarz-wysses Büssi uf d Stross use. Git wie bsässe Gas und verduftet i der nöchschte Sytegass.

«Dä Grüüsel», begähre d Lüüt uuf. «Dä Tierlischinter!»

Und scho chunnt e chlyne Fiat z schiesse. S Büssi grotet mit Schyn under s Hinderrad, zapplet, blybt ligge und weisset, dass eim dur March und Bei goht.

Niemer verrodt si, alls hänglet numen uufgregt. D Anja bsinnt si nit lang, git ere Frou ihres Köfferli i d Hand: «Hüetet mers en Ougeblick», und isch i drei Sprüng bym Büssi. Alls schynt nit so bös z sy. S Tierli foht a schnürele und schläcket allbott s rächte Hinderscheichli. Dört muess em weh tue.

Üser Laborantin gilt für dä Ougeblick s arme Büssi meh, as es schöns Wuchenändi.

«Es isch ou es Läbe», git sie dere Frou, won ere s Köfferli goumet het, z verstoh. —

I däm Momänt muess es Taxi wäge de Fuessgänger by der Busstation ahalte. D Anja winkt. Der Chauffeur het grad niemer im Outo. Er macht ömel tifig d Türen uuf. «Was beliebt, Fröilein?» ...

«Syt so guet und fahret mit mer is Tierspital, wenn der nit grad en anderi Bstellig heit.»

«Scho rächt, Fröilein, mir fahre do der Büehlstutz uuf.» ...

Im Tierspital isch grad d Sprächstund verby. E Schäfer muess no gäge d Tollwuet gimpft wärde und scho chunnt d Anja mit ihrem Büssi dra.

«Heiter e Notfall, Fröilein?» tönts vom Schalter här.

«Prezis, das han i!» ...

«Chömmet nume grad is hindere Sprächzimmer, syt so guet!»

Isch das e flotten Assistänt! «Zumbüehl isch my Name — und — was isch mit euem Sorgechind los?»

«E Grobian vom ene Töfflifahrer het das arme Viehchli us eme Deckelchorb uf d Stross use gschmisse.»

«Uusgsetzt seit me däm», meint der Dokter Zumbüehl. «Das bchönnt men afange. I bi im Vorstand vom Tierschutzverein. Allbott chöme Chlage wägen uusgsetzte Tier. Das isch scho s Misischte, won e Mönsch cha leischte ... So zeiget das arme Hudeli!»

D Anja luegt dä flott Assistänt mit ihrne grosse schwarze Chriesiougen a und är sie.

«Aber gället, Herr Dokter, i bin ech gwüss nit ungläge cho. Hättet doch jetz Mittag. Und derzue isch Samschtig hüt.» ...

«Ne-nei, was dänket er ou, Fröilein. By üs gohts nit wie in ere Fabrigg.»

Der Dokter Zumbüehl nimmt s Büssi i d Hüpple, gryft em der ganz Körper ab.

«I gloube, röntge muess me nit. Do am hindere Pfötli e liechti Quätschig. Süscht gloub i, cha me nüt Gravierends finde. Das Tierli het vil Glück gha.»

«Bin i froh!» huuchet d Anja.

«Aber jetz, was heit er vor mit däm Büssi, Herr Dokter?»

«Abtue cha mes nit wäge däm Bobo. Sellis is Bottiger Chatzeheim tue?»

«Ne-nei, Herr Dokter, das nimmt my Mueter, won e grossi Wohnig het z Interlake, no so gärn.»

«Um so besser, Fröilein! Aber wüsset dir was? Mir bhalte das Büssi doch no do im Tierspital bis am Mändig z Obe zum Beobachte. I ha sowieso Sunndigsdienscht vo hüt a und cha däm Gschöpfli guet borge.»

D Anja meint gwüss fascht, sie syg im Märliland. «Isch das nit alls chly z vil verlangt vo mir, Herr Dokter?» ...

«Bhüetis Troscht, für das si mir jo do. Im

Ougeblick sett i aber nume no eue Name, der Bruef und die nöcheri Adrässe ha.»

D Anja git fründlig Bscheid uf alli Froge. «Aha, Laborantin syt er», schmunzlet der Assistänt. «E schöne Bruef! Aber jetz, uf Widerluegen am Mändig z Obe, so uf die Sächsi. Setts euch mit der Zyt nit länge, chönnet dir mir gäng no Bricht gäh, euers Sorgechind isch guet uufghobe.» . . .

So isch üsi Laborantin gwüss no zum ene schöne Wuchenänd cho by ihrer Mueter deheim. Die het nit weni müesse stuune, wo sie die ganzi Gschicht vo däm arme Büssi z ghören übercho het. «Aber weisch, Mueter, dä Dokter Zumbüehl isch öppen e Mönsch. Settig sett me chönne vervilfältige. Wie dä mit däm Tierli het chönnen umgoh.»

«Lueg, Anja», lächlet d Mueter, «d Lüüt meine gäng, d Tierärzt syge ruuchi Gselle, Rosshändler und Rossmetzger. Die hei mängisch es fyners Inneläbe weder mänge Mönschedokter.»

«Hesch rächt!» dopplet d Anja noche. — — —

Am Mändig druuf isch üsi Laborantin schlags Sächsi im Tierspital dur e läng Gang hindere trämpelet. Fascht es bitzeli mit Härzchlopfe.

«Läbt s Büssi ächt no? Isch er ächt ou wider so nätt wie am Samschtig? Wär kei rächte

Sunndig gha het, chönnt ebe müed und greizt sy. Üsi Mediziner im Spital heis ömel mängisch so.»

Nüt vo däm! Drei Minute spöter wird der Anja e Stuehl zuegschobe.

«Näht chly Platz, Fröilein Buechwalder, i muess däm Hund nume no chly d Ohren useputze, s isch grad sowyt.»

Statt es vergelschterets Büssi vom Samschtig isch es läbigs wyss-schwarzes Tierli im ene grosse Chorb umedrohlet. S Tälpli guet verbunde, het gschnürelet und wie gseit, wider ganz nuefer umegüggelet, wie wenn nüt gscheh wär.

«Und jetzt, d Rächnig, Herr Dokter. Wüsset er, i bi so froh fürs Büssi. Und erscht d Fröid vo der Mueter uf e nöi Gspahnen im Huus.»

«Do drüber rede mer jetz no nit, Fröilein, chömet öppe in ere Wuche nomol cho zeige. Bis denn wird das Tälpli sicher öppe guet sy. Mache mir wider fescht ab für e nächscht Mändig no de Sächse.» . . .

D Anja zäberlet mit em Büssi im ene chlyne vertlehnte Deckelchorb dur e Gang vom Tierspital. Nüt ghört me weder ihri Stögeliabsätz. Tägg, tägg, tägg, tägg, fascht wien es Hämmerli. Im Bahnhof inne wartet scho d Mueter uf e nöi Gspahne.

«Dänk, hüt in ere Wuche chan i s Büssi um die glychi Zyt wider goh zeige. Allwäg s letschte Mol; es goht em jo soo guet.» ...

D Mueter isch sälig. «Aber weisch, Anja, i chönnt mi ou eso yrichte, ass du nit muesch hin und här zügle. Das isch doch umständlich für di.» Aber üsi Laborantin wehrt ab. «Nenei, Mueter, das git keini Umständ. Bring du am Mändig das Büssi bis i Bahnhof. I bi uf die halbi Sächsi dört. Derwyle chasch du jo goh löibele und nach em Tierspital mit em Tierli wider heifahre.»

«Aber weisch, Anja, i wett drum das Tierspital ou einisch gseh und dä flott Herr Dokter Zumbüehl. Vilicht git er mir no chly Konsine, wien i das Tierli sell pflege.» ...

«Stürme mer nit wäge däm, Mueter! De göh mer halt z zwöie höch, oder nit.» — — —

Ehnder weder nit isch dä erplanget zwöit Mändig wider agrückt und wie gseit, sälb zwöit stöh Mueter und Tochter schlag Sächsi vor em Sprächzimmer i der Chlytierklinik.

Der Dokter Zumbüehl macht grossi Ouge. «Aha, do chunnt jo die ganzi Famili! Fröit mi, fröit mi!»

Das het fryli nit so überzüügt tönt. So am Ton a hätt er allwäg lieber s Fröilein Buechwalder elei i der Sprächstund gha. He nu, er isch ebe nit nume Tier-, nei ou Mönschefründ.

Für d Undersuechig vom Büssi tuet er öppe gar nit gjuflig, ne-nei.

«Mir ischs eifach dra gläge, ass alls guet chunnt», lächlet er und luegt einisch d Tochter, de wider d Mueter a mit syne grosse blaue Germanenouge. Und die bsundere Blicke si i d Töifi gange.

Uf em Wäg zum Bahnhof meint d Frou Buechwalder, «Anja, das isch jetz e härzige Mönsch, zum Verliebe!»

D Anja hüeschtelet öppis und meint verläge, «Jo, Mueter, er isch nit wie anderi Manne.»

Für s Büssi isch wie gseit kei Dokter meh nötig gsi. Das Tierli het si erbchymt und erscht das prächtige schwarz-wysse Fähli, suuber wie gschläket, ganz glänzig.

Aber öppis het bis jetz no gfählt. E Name! Am Sunndig druuf, grad bym Zmorge, wo s Büssi ou sy Milch gläppelet het, meint d Anja uf einisch: «Du, Mueter, jetz han i e Name!»

«Und das wär?»

«Amigga!»

«Bravo Anja! Du hesch der Nagel uf e Chopf troffe», schwärmt d Mueter i einer Fröid. — — —

Tage si cho, Tage si vergange. Aber by zwe Mönschen isch öppis no nit ganz verdouet gsi. Die ganzi Gschicht mit em Büssi Amigga ...

Am ene Mändig am Morge leit d Cheflaborantin e Brief näbe d Bluetglesli.

«Lueget do, Fröilein Buechwalder, Poscht für euch. Öpper, wo allwäg eui Privatadrässe nit weiss. Wüsset er, me sett privati Korreschpondänz nit dohäre loh cho. S chönnt nöimen öppis blybe ligge und unders Ysch grote.»

D Anja chunnt ganz Härzchlopfen über. Sie gspürt, wie sie rot wird bis hinder d Ohre. E Brief!

Erscht jetz gwahret sie der Absänder. «Kantonaler Tierschutzverein.»

«Was wei die mit mir?»

Ganz närvös rupft sie s Couvert uuf. Numen e druckti Yladig zum ene Vortrag! Nei, halt, derby non e Charte mit der Underschrift vom Dokter Jürg Zumbüehl. Churz und mutz: «Es würde mich freuen, auch Sie als engagierte Tierschützerin am Vortragsabend unter den Gästen begrüssen zu dürfen.»

Fertig, punkt! Jetz aber die druckti Yladig. Was stoht druffe? «Ausgesetzte Hunde, Katzen und Kleintiere! Ihr Schicksal, ihre Betreuung. Referent: Dr. med. vet. Jürg Zumbühl, Oberassistent an der Kleintierklinik des Tierspitals.»

Jetzt goht der Anja es Liecht uuf. «Er het mi also nit vergässe. Vilicht isch grad mys Büssi d Tribfädere gsi zu däm Vortrag. I wott mer fryli nüt ybilde.»

In ere Wuchen isch s sowyt, am Frytig z Obe.

«Besser chönnts mir gar nit passe. Sell i ne de ächt vo mir uus goh grüesse, em für d Yladig danke, oder nach em Vortrag uf französisch use?»

A sälbem Frytig isch s der Anja gsi, es well und well nit Obe wärde. Item zum Znacht het sie nit apartig Hunger gha. D Magenärve hei chly gspukt. Alls wäge... ebe wäg em Herr Dokter. Öppis chly vor den Achten isch sie zum Bürgersaal düüsselet, fascht wie wenns verbotte wär. Mit Glück het sie non e Platz chönnen ergattere. Herrschaft Millione, die Lüüt!

«S Thema isch drum gar wichtig», ghört sie näben an ere e Frou der andere zuechüschele.

«Gemein, wie die Mönsche chönne sy!»

«Schäbig, himmeltruurig, was do alls gleischtet wird mit dene arme Chatzen und Hünd.»

Der Anja schynts, d Lüüt i däm Saal sygen uf ne Wäg glade...

Nach em akademische Viertel, wie men öppe seit, het e Profässer die vile Lüüt im Saal begrüesst.

«Liebi Damen und Heere, Fröidebärger isch my Name. I ha die grossi Ehr und Fröid, euch hüt z Oben en yfrige Tierschützer as Referänt dürfe vorzstelle. Es isch der Dokter

Jürg Zumbüehl, Oberassistänt a üser kantonale Chlytierklinik. I chan ech säge, mir vom Tierschutzverein dürfe nümme schwyge zu dene himmeltruurige Gschichte, wo i de letschte Monete i üser Gägend passiert si. Do wärden eifach mir nüt, dir nüt Hünd und Chatze nöime, wos dene Sadischte grad passt, us Chörb und Outokofferrüüm use gstöikt. Uf d Stross, i Verchehr, uf abglägne Waldwäge, by Ghüdergruebe, ebe, wos e si grad schickt mit Schyn. ‹Do, lueg, wie durechunnsch. Es git scho nöimen es Dascheli, wo di nimmt und fueteret, oder süscht e Tierfanatiker.› Aber jetz fertig mit mym Lamänto! Der Herr Dokter Zumbüehl het s Wort. I danken ech scho jetz für s Zuelose.»

Müxlistill isch s im Saal. Ei Spannig. Was weiss er ächt alls. Scho zum Aluegen isch s e Fröid gsi, dä flott Veterinär vor em Rednerpult z gseh. Mit Schyn en Athlet, het aber en Uusstrahlig wien e guete Pfarrer. Kei Fanatiker! Kei Missionar! Kei Volkstribun! Dört, won er die liebe Mitmönsche muess träffe, polemisiert er nit. Nei, er frogt gäng by jedem Fall, won er uufgryft, «Wie cha so öppis möglig sy? Chas nit non en andere Wäg gäh? Het dä, won em es Tier verleidet gsi isch, nit chönne by üs oder im ene Tierheim afroge?»

Mit ere bsundere Rueh — sys Gsicht wird ganz ärnscht derby, — gryft er am Änd vom

Vortrag no der Fall vom Büssi Amigga uuf. Er macht das ganz diskret. Aber d Lüüt nähmen em ums Merke Wort für Wort vo de Lippe. Sie glouben em, was er seit.

Ufsmol redt der Dokter Zumbüehl no langsamer, überleiter. Syni Ouge göh hin und här. Und jetz isch s gscheh. Är und d Anja si nander vo wytem begägnet. Jetz weiss ers! Sie — isch cho! Won er am Änd vo sym Vortrag nomol danket für dä schön Uufmarsch und für das grossen Inträssi, isch es grosses Lüüchten uf sym Gsicht gläge. D Lüüt hei nit chönne höre klatschen und Bravo rüefe.

E jungi Frou bringt em Dokter Zumbüehl e mächtige Mejie zum Rednerpult — vom Tierschutzverein. Är git ere d Hand uf ne Wäg würdig, übernoh. Keis Müntschi, wie das süscht Bruuch isch, wenn Bluemen übergä wärde.

D Lüüt stuune. Der Anja fallt das uuf, wie der Dokter vornähm dere Frou begägnet.

E Frou düütet der andere: «Aber i hätt de schon es Müntschi welle vom Herr Dokter, potz Hageli. Die Frou dört vore isch nume z schüüch gsi. Sie hätt halt d Backe selle häreha. Hütigstags göh d Meitli i Agriff über. Das ghört ou zu der Emanzipation.» ...

Langsam isch der Bürgersaal läär worde. Fryli si no Lüüt as Rednerpult vüre, em Dokter Zumbüehl goh d Hand schüttle.

Der Anja fahrts dur e Chopf: «Sell em ächt ou no goh danke für d Yladig? Aständig wärs.» Aber dä guet Referänt het schier en Imb um nen ume gha.

Wohl, jetz luggets! Gottlob, d Anja muess nit weni stuune, wo der Dokter Zumbüehl eismols uf sie zuestüüret. D Lüüt glotze nume so.

«Das het mi jetz hingäge scho gfröit, Fröilein Buechwalder, ass dirs heit chönnen yrichte. Wüsset er, eue Fall isch mer grad chumlig cho. Einisch hei mer s Thema scho müessen apacke vom Tierschutzverein uus. Wüsset er, es goht langsam is Guettuech yne mit dene uusgsetzte Tier.» — — —

Em Dokter Zumbüehl isch s gar nit öppen ums Heigoh. He jo, wenn men elei muess huushaschte und deheime niemer uf eim planget. Är und d Anja hei si ganz eryferet a ihrem Thema. E läji Nacht vorusse. So rächt zum Flaniere dur die lääre Gassen und Loube. Für s junge Paar e Glägeheit, süscht no allergattig z prichte. Jedes mit sym Läbeslouf, mit syne Hobby, — vom Läben überhoupt. — — —

Vom Münschter här drohlen ufsmol zwölf schwäri Tön über d Huusdächer yne. — Zyt für hei! — — —

«Fröilein Buechwalder, i muess mi entschuldige, ass i euch däwäg lang zruggbhaltet ha.»

«Dir heit euch gar nüt z entschuldige, Herr Dokter, nume vil z gleitig isch dä Oben ume gsi ... I danken ech für euers Vertroue.» ...

«Das isch gägesytig, Fröilein!» ...

Am Morgen isch d Anja byzyte de Statione noche goh Bluet näh, wie jede Tag. Und der Dokter Zumbüehl het scho vor den Achte ne Bärner Sennehund mit eme komplizierte Oberschänkelbruch vom ene Outounfall här müesse duretürgge.

Weder d Anja, no der Oberassistänt si syt däm Vortrag ihres Wägs gange. Der Faden isch wyters gspunne worde, so stark, dass er nümme het chönne rysse. — — —

Für beidi het e Wägwyser dörthäre zeigt, wos keis Zrugg meh git. Zwe fertigi, ryfi Mönsche hei am ene prächtige Mejietag i der sächshundertjährige Chile z Stärneried enander s Jo gäh zum Läbe sälb zwöit.

Vo ungfähr isch fryli üsers glückliche Paar nit uf Stärneried is Schönebrunneramt goh Hochzyt fyre. Em Jürg Zumbüehl sy Götti, der Dokter Isler, e tüchtige Veterinär mit eme guete Name, isch in es Alter ynegrütscht, won er öppe mol pyschtet het. Grad wenn er uf e Nachtdienscht het müesse jufle.

«Es wär Zyt, ... i ha lang gnue gwärchet. Mir Alte wärde von ere Wüsseschaft abglöst, wo allem vil meh uf e Grund goht. He, jo, die Junge gumpe nit büüchlige nom Staatsexame i d Praxis yne. Sie grüblen und forsche wyters. Bis uf Hannover und uf Wien göh sie goh nöji Erfahrige sammle. Es isch rächt so. Alls chunnt de Tier z guet.» — — —

Nume grad zwo Weiche si für üsers junge Paar a däm Hochzytstag gstellt worde. Die erschti Weiche het der Pfarrer Zesiger scho i der Chile gstellt mit syner ganz bsundere Predig. Fascht wie wenn er d Bruut Anja uf ne Wäg bchönnt hätt, schloht er d Römerbriefen uuf und list mit ere ganz bsundere Betonig us em 12. Kapitel der Värs 2: «Und stellet euch nicht dieser Welt gleich, sondern verändert euch durch Erneuerung eures Sinnes, auf dass ihr prüfen möget, welches da sei der gute wohlgefällige und vollkommene Gotteswille — — sondern verändert euch durch Erneuerung».

Nume grad die föif Wort si der Anja i den Ohre blybe bhange. Mir wärde gseh, wie sie spöter us däm Värs 2 us em Kapitel 12 vo de Römerbriefe gäng wider gschöpft het. — — —

Die zwöiti Weiche het wie gseit em Jürg sy Götti, der Dokter Isler gstellt. Nom Hochzytsässen i de «Chrone» isch er eismols uufgstande, s grosse Glas Pommard mit der schöne rote Sametfarb i der Hand, treit er sy sälber dichtet Värs vor:

«Los Jüg, jetz muesch i d Hose;
Dym Götti settisch lose.
I bi nümm hütig, dänk mer dra,
E Junge sell my Praxis ha.
E Junge, jo, mit Grütz, no meh,
E Junge, won i gärn möcht gseh.
Di möcht i gseh, gäll, seisch mer jo,
Gly muesch uf Schönebrunne cho.
Do hesch di beschti Glägeheit;
S Glück wird dir hüt i d Arme gleit.
Dys Glück, verlauere tues nit,
Wyl s chuum es zwöits so für di git.
Dy Anja, i gseh sie scho
As Hilf i dyner Praxis stoh.
Vergwaltige wott i euch nit;
Doch eis, es git kei bessre Schritt.
I nime s Glas und trinkes uus,
Ufs Glück im nöjie Dokterhuus.» . . .

Die Fröid! . . . das Hallo! . . . «Waas, dä cha no dichte», tönts do und dört über e Tisch übere. Die alti Frou Dokter Isler lächlet verschmitzt derzue. «No mängs anders cha my Ma, heit *dir* en Ahnig.» — —

Am Obe vo däm wunderschöne Hochzytstag si der Jürg und d Anja non es Rüngli im Garte vom Götti gstande, vom Dokter Isler also. Die glückligi jungi Frou het nit gnue chönne stuune. Jetz erscht no, won e letschte

Sunneschyn uf e höch Wasserstrahl vom Sprützbrunne drohlet, ertrünnts der Anja.

«E bsunderi Wält!... E schöni Wält!... die Rueh.» Am usseren Egge vom Garte si Pfingschtrosen am Uusschlüüfe und über der Dachfirscht vom Dokterhuus pfyle d Schwalbe nander narrlochtig noh.

No bym Astosse z Mittag het der Jürg fryli sym Götti Bscheid gäh. «Muesch mer no chly Zyt loh. Weisch, i wett glych nüt übers Chnöi bräche.»

Aber jetz, bym Vernachten isch s em junge Veterinär nümm ums Wärweise gange. Hübschli zieht er d Anja am Arm und chüschelet eren is Ohr. «Du meinsch allwäg s glyche wie i ou, oder?» Er gspürt ihri heisse Backe, won er ihre Chopf i beid Händ nimmt. Sie luegt ne mit ihrne chohleschwarzen Ougen a. Es Lüüchte drininne! «Jo, Jürg, mir beidi meine s glyche. Em Götti z lieb und üs z lieb. Egoischte dürfe mer doch ou einisch es birebitzeli sy.»...

Der alt Dokter Isler, wo bis jetzt nit eso vo Gibis gsi isch i Sache flatieren und höfle, nimmt d Anja an en Arvel und drückt ere zwöi härzhafti Müntschi uf die heisse Backe. «Also, dir zwöi, ass dirs wüsset, nom Bättag sell euen Yzug sy, i üsem Huus, überobe. Setts mit mir öppis gäh, blybet dir eifach i däm Huus und süscht chönnet dir euch mit de

Johren ou es eigets Huuli boue. I bi kei Diktator. Dyr syt alt gnue. S Läben und was drum und dra hanget, lyt jo i euer Hand.»...

Es nöjs Läbe z Schönebrunne
No für vier Monet het der Jürg im Tierspital meh weder nume sy Pflicht to. Sy Vorgsetzt, der Profässer Fröidebärger, isch em grüüsli guet gsinnet gsi. Für guet zwe Monet isch ou der junge Frou Anja e Poschte gäh worden as Laborantin, für denn parat z sy, wenns i der nöjie Praxis z Schönebrunne Ärnscht gilt.

Ehnder weder nit sie die schöne Summermonet verfloge gsi. Der Bättag isch nöcher und nöcher cho. Guldigi Septämbertage, eine schöner weder der ander! Nit z verwundere, ass si d Anja wien es Chind ufs frejie Läben uf em Land agfange het fröjie.

Am letschten Oben im Tierspital isch s nit ohni es grosses Abschidsfescht gange. D Profässere ou vo den andere Klinike, d Assistänte, d Veterinärkandidate mit de jüngschte Studänte, hei sech die Glägeheit nit loh näh. Der Jürg und d Anja si nümmen us em Stuunen uuscho. Die Gschänk! Die Überraschige! S ganze Regischter vo der Phantasie isch zoge worde. Und jetz am Änd vo däm unghüür schönen Abschidsfescht, won es paar Zäpfe vom süffige Waadtländer gchlöpft hei, stöh eismols es paar Studänte zäme und löh as letschti Überraschig es ganz bsunders Lied loh töne.

Nit z verwundere: der schön Übernahme «Schneewittchen» isch drum übers Ängiried, is Inselspital, zletscht no is Tierspital grütscht. D Wält isch ebe gäng wider chly, wenns druuf a chunnt.

Item sSchneewittchenlied isch uf d Melodie ‹Schwesterlein, komm tanz mit mir›, ganz ufs junge Paar abgstimmt, het nume grad drüümol müesse gsunge wärde. Jo, bym dritte Mol heis schier alli chönne. Lüüter, immer lüüter hets tönt, jedesmol schöner:

«Schneewittchen, dein Glück ist gross,
Morgen ziehst du in das Schloss.
Und dein Prinz so tief bewegt,
Dich auf seinen Händen trägt,
Refrain: einmal hin, einmal her ...

Schneewittchen, sei unverzagt,
Königin nicht nach dir fragt.
Nach dem Spiegel an der Wand
Bist die Schönste du im Land.
Refrain: einmal hin, einmal her ...

Schneewittchen und Prinzgemahl,
Ade, ade tausendmal.
Gute Fahrt ins junge Glück,
dankend bleiben wir zurück.
Refrain: einmal hin, einmal her ...»

Im Töifschte grüehrt hei d Anja und der Jürg allne Gescht im Tierspital d Hand drückt. By beidne si öppe mol zu de glänzigen Ougen uus bsunderi Tröpfli d Backen abgrünnelet, us Fröid, eifach übernoh für so vil Fründschaft und Güeti. Druuf si die schönschte Tagen im Schönebrunneramt cho. S isch eim gsi, der Himmel well sys ganze Guld über däm junge Paar vergüüde.

Em Jürg sy Götti, der Dokter Isler, het erscht jetz afoh merke, wie ihm der jung Nachfolger i mängem voruus isch und überläge mit sym grosse Wüsse.

«Jo, jo, Lisebeth», yferet er am enen Obe zu syner Frou, «weisch, die junge Veterinäre vo hüt wärde ganz anders uusbildet. Do si mir Alte die reinschte Häfelischüeler dergäge. Aber ebe, d Erfahrig hingäge, die cha me nit choufe, mit der beschten Uusbildig nit. Ou em Jürg wird no dises und däis übere Wäg chräsme.»

* * *

Es bsunders Erläbnis i der Praxis isch der junge Doktersfrou Anja afangs Wymonet so rächt nochgange. Der Jürg muess am Morge zum ene Notfall jufle. Es syg bränzlig, het der Chlybuur, wo in ere Fabrigg schaffet, wien e Uvernünftigen is Telefon ynebrüelet. Me gseih gäng numen eis Bei vom Chalb, wo scho geschter hätt sellen uf d Wält cho, useluege.

D Chueh mahli nümme. Es mach em himmelangscht.

«Anja, chumm ou mit!» rüeft der Jürg syner Frou überufe. Und scho surret der Renault mit allnen Instremänte und Medikamänt i schön Herbschtmorgen use über Fäldwägen yne, der Nöchi noh.

Dört chunnt s Bahnglöis, e gfährligen Übergang. Nume d Andreaschrüz as Warnig. Der Jürg luegt linggs und rächts i der Wyti, öb öppen e Zug z schnüüze chöm. Zmitts uf em Glöis stellt em bym Hagel der Motor ab.

«Stärnemillione», angschtet der Veterinär, wo süscht kei vürigi Zyt het wäg em Notfall... Uf der Bahnstation, won e Kilometer wyter voren isch, git der Nüünizug a. Sekunde duuren en Ewigkeit für das junge Paar uf em Glöis. Glück im Unglück, der Jürg trampet s Gaspedal vom Renault bis abe, lohts loh fahre. «Der Motor isch versoffe!» fluecht er für nen ahne.

«Dräj der Zündigsschlüssel doch nomol, Jürg», meint d Anja ganz dezidiert. «Wenns nit goht, müesse mer zum Wagen uus.»

Der Zug chunnt jeden Ougeblick. Rächt het sie gha, die jungi Frou mit ihrem Rot wäg em Zündigsschlüssel. Der Motor isch agsprunge. Und im Hui si sie dähne, wos gägem Stärnewiler Wald goht. I däm Momänt chunnt scho der Zug cho z schnüüze.

Dört, wo der Jürg zum ene Notfall muess, trifft er e himmeltruurigi Zueversicht a.

«My einzigi Chueh, Herr Dokter», jommeret der Chlybuur, wo scho syt zwo Stunden i der Fabrigg setti sy. «My einzigi Chueh!» ...

Im Stall stöh d Frou und drüü Chind. Alli luege der Veterinär mit grossen Ougen a. Liecht cha me die Frog errote, wo allnen uf em Gsicht lyt. «Herr Dokter, chönnet dir üser Chueh Züsi no hälfe?» Der Jürg blybt d Rueh sälber, chrauet der Chueh am Lämpe, tätschlet sie liecht. Und d Anja stoht häre, wie wenn sie scho mängisch derby gsi wär.

«Jo, jo, gäll, Züsi, mir wei dir hälfe.» Alls, was zun ere Geburt bruucht, het der Veterinär scho parat.

Jetz längt er zue. Vorhär het er d Händ und d Arme mit eren Art Schlee ygribe. Schneidig leit er längi Gummihändschen a und scho goht s grosse Wärk, wos vil Chraft bruucht derzue, los. D Chueh foht a drücken und der Jürg zieht eismols a zwöi Chalberbeine.

«Hohopp-ho-ho rutsch!» Und s Chalb isch dusse. Aber oheie hei, tot! D Chind brüehle wie d Schlosshünd. S Chlynschte chlagt, «jetz han i mi so ufs Chutscheli gfröit».

Vatter und d Mueter luege der Jürg und d Frou ganz stober a. Der Ougeblick seit niemer es Wort. Aber der jung Veterinär, gmerkig, wie eben eine vom Fach, gloubt no an es chlys

Wunder. Er düütet der Anja: «Chumm nomol, gib mer es paar früschi Gummihändsche. I gloube fascht...» Und scho schlüüft sy grossi Hand i d Chueh yne. Er noderet öppis. «Aha, was i vermuetet ha, es zwöits Chalb isch no dinne.»

E Viertelstund spöter stöh drüü glückligi Chind mit Vatter und Mueter vor em zwöite Chälbli. Jedes nimmt e Wünsch Strouh und rybts ab.

«Es härzigs Nouggerli!» yferet d Anja. «Und erscht das schöne Grindli», dopplet der Jürg noche. Er git em no nes Sprützli Bovigam, wo gägen alli Chälberchrankheite tuet schütze. Am glyche Morge het der Jürg no zun ere zwöite Geburt müesse. Nume grad is Dorf näbedra. Fryli isch s dört gange wie gölet. Nit dä Chummer um d Chueh sälber wie bym Chlybuur.

D Anja muess as Zmittag dänke. Der Jürg füehrt si hei i ihres Huuli zrugg, ass sie öppis Währschafts cha choche.

Die alti Frou Dokter Isler isch hantli cho gwundere. «Gäll, Anja, fascht chly Hebammedienscht.» «Jo, jo, me cha däm scho so säge», süüfzget die jungi Frou. «Es nimmt eim noche, bsunders, wenn Chind mängisch bitter enttüüscht si. By däm schwäre Fall isch drum s erschte Chalb tot gsi. Es het mi möge für die Lüüt, wo sälber nit uf Rose bettet si.»

Was wott die Frömdi?

I der Zyt vo öppis meh as sächs Johre hei sie die junge Dokterslüüt z Schönebrunne scho ganz styf ygläbt gha. D Anja isch zäntume der Fürspräch und Chummerzhilf worde. Nit nume mit de Chüeh und Ross, mit de Hünd und Büssi, no vil meh hets e sie müessen oder welle mit de Lüüten abgäh.

Z Schönebrunne isch unghüür vil Bouland verchouft worde. Nit z verwundere! Die gueti Lag! E Bahnstation, Poschtoutoverbindige, nit grad zwyt vo der Stadt ewäg! Das alls het gwichtet. Frömdi Lüüt si zuegrottet, meh weder den ygsässne Bürger lieb.

Do und dört hets öppe nach ere Gmeinsversammlig tönt: «Die donners Zuezüger gäbe langsam der Ton a und mir Schönebrünneler wärde Hampelmanne. Ypackt wärde mer! Frömdi befähle!»

«Oppositiönle wei die Sibechätzer!» ...

«Die Geister, die ich rief», het paarne der Gmeinschryber Steiner umegäh, wo sie im Rössli so poletet hei.

«Dir heits jo so welle ha. No nöjie Stüürzahler heit er päägget. Millionäre syt er worde mit eune Landverchöif und jetz brönnt ech der Boden under de Füesse.»

Was hei sie em Gmeinschryber chönnen entgägeha? Nüt, gar nüt! ... Sie hei wohl gwüsst, ass en andere Wind wäjit. Me cha nit s Weggli und der Batze ha.

* * *

By der nöchschte Gmeinrotswahl isch eismols ganz düütlig der Wunsch umegange, jetz ghöri eifach e Frou i Gmeinrot. D Uufgabe für die nöchschte Johr chönne nümme so mir nüt dir nüt nume vo de Mannen elei glöst wärde. D Schuel, d Fürsorg, d Heimpfleg, d Überalterig, vo all däm wärdi d Gmein überrönnt. Problem! ... Problem und no einisch Problem! Also, hous oder stächs, e Frou ghör häre und wär do am meischten Uussicht heig für gwählt z wärde, chönn nume d Frou Dokter Zumbüehl sy. Die Kandidatur müess ou der vierschrötigscht Schönebrünneler understütze, wenn er nit vo Gugelhupf syg... So isch s am Änd ou usecho. D Anja isch von ere Grundwälle i Gmeinrot treit worde.

S Parteibüechli het do kei Rolle meh gspilt. D Froue si hundertprozäntig für si ygstande. Und d Manne — wenns paar ou nit so rächt hei welle zuegäh — hei uf ihrem Stimmzettel der Name Anja Zumbüehl mit gchnörzige Buechstaben oder mit Schwung häre gschribe. Luschtig, wie dä Name öppe mol gschribe worden isch. Zumbühl mit zwe üü, zwe ll oder zwe mm. Item es Glanzresultat, wies bis jetz z Schönebrunne niemer übercho het.

Vorschusslorbeere, jo und nei! Die früschi Gmeinröti isch mit eme Füüryfer a ihri Uufgab ane. Im nüünchöpfige Rot het men ihre s Departemänt Schuel und Fürsorg atreit. E gschydi und gwüss die beschti Lösig. Zum Stuune, wie d Anja begriffe het, um was ass zäntume goht. Der Gmeinschryber Steiner, wo syt zwänzg Johre s Protokoll vo de Verhandlige gfüehrt het, isch nit z vürnähm gsi, z bhoupte, syt d Frou Dokter Zumbüehl im Gmeinrot syg, heigs ganz en andere Ton is Züüg ynegäh. Die Heere nähme si gar grüüsli zäme, ass sie nit grobiänisch und uflätig enander verby chöme. Und no öppis: die einzigi Frou syg schier gschyder weder alli acht Kollege zäme. Das, was sie vorbringi, syg nit Handglänk mol Py. Nei, überleit, abgwoge, logisch und klar. Es syg e Fröid, das, was sie sägi, is Protikoll z näh. Wort für Wort chönn me grad uufschrybe... Dur das Amt und wyl d Anja schon e vierjährige Bueb gha het z goume, isch s nümme so wyt här gsi mit em Jürg uf d Praxis z goh. S isch aber ou nümme nötig gsi, wyl der tüchtig Veterinär a jedem Finger Assistänte und Kandidate fürs Staatsexamen het chönnen uusläse.

Der Anja isch eis klar worde. Zerscht Mueter sy und nochhär s Amt. Und erscht no die vile Telefon für d Praxis, bhüetis... eis het s ander abglöst. — — —

Mol z Nacht spot, wo der Jürg vo der Praxis zruggcho isch mit eme lääre Mage, hets em es äxtra guets Znüüni parat gha.

«O, du guets Froueli du», flattiert er, «hesch e stränge Tag hinder a der und findsch no Zyt für mir öppis Guets z bröisele!» ...

«Weisch, Jürg», meint d Anja, «me cha is Läben yne wachse. S Wichtigschte vom Unwichtigschten underscheide. Allem vora der eiget Ma und s Chind.»

«Anja, es wott mer mängisch schyne, du heigisch sibe Hirni und meh as zwo Händ.» ...

Paar Minute spöter stöh sie am Gutschli vor ihrem Bueb, em Reto. «Ghörsch, wien er sälig schnüüfelet?» chüschelet die jungi Frou. «Weisch, was mi plogt, Jürg?» ...

«Und das wär?»

«Dur mys Amt as Gmeinröti han i eismol i mängs Eländ ynegseh. Schöni Huusfassade und derhinder Müeter, wo ihri Chind nit gärn hei. Sie sin e meh und meh e Lascht, weder Fröid, no Uufgab! Der Wohlstand macht d Mönsche no gfrässiger. Uuftrumpfe wei sie. Alls uf em Buggel vo de Chind! Me loht sie loh umelauere, uf de Gasse loh verwildere. S git Müeter und Vätter, wo ums Himmelwille nit chönne verzichte, — de Chind z lieb mein i. Föif- und Sächsjährige fählt s Deheime. Sie wachsen uuf wie Wildi.» ...

Der Jürg het der Anja sythär scho männisch mit Geduld abglost. Nit numen einisch isch s em ertrunne: «Weisch, es muess eifach nöimen einisch öppis grüüsligs gscheh, wo die Vätter und Müeter erschreckt.» ...

Mit guete Gründ hei si die junge Dokterslüüt so mängisch eryferet.

I der glyche Wuche si mol im Dorf nume grad drüü Chind ums Läbe cho, wyl niemer rächt zuen e gluegt het. Der föifjährig Dani Läderma isch vom ene Laschtouto überfahre worden und uf em Transport is Spital gstorbe. S sächsjährige Susy Hofer het em Bahnglöis noh mit anderne Chind Blueme gsuecht, springt mir nüt dir nüt über d Schinen übere. Und scho isch s gscheh. Der Drüüzug bruuset derhär. Kei Schnällbräms vom Lokomotivfüehrer het s Schlimmschte chönne verhüete. Es tots Chind meh. S truurigschte derby, sy Mueter het kei Ahnig gha, wo s Susy häregangen isch. Am Samschtig, eben i dere schwarze Wuche, churz vor em Mittag, chläderet der sächsjährig Peter Müller uf eme Bougrüscht ume, drohlet uf ne Steibsetzi abe, blybt ligen und git keis Zeiche meh. Tot! — Ou sy Mueter het kei Ahnig gha, wo der Bueb umelungeret. Die drei struube Fäll hei by der Anja yghänkt und ere z dänke gäh ...

A der nöchschte Gmeinrotssitzig isch sie mit ere guet begründete Motion uufgrückt.

Schönebrunne müess hous oder stächs e Chindergarte ha. Sie chönns mit ihrem Gwüsse nümme verantworte, no länger zuezluege, wie grad die vile sächsjährige Chind Stunden und no einisch Stunde uf de Gassen ume striehle, us den Ouge vo ihrne Müeter. Energisch loht sie die letschte Sätz vo ihrer Motion loh fahre:

«Myni Heere Gmeinröt, dä Chindergarten isch vil wichtiger as d Badanstalt im Lischemoos nide. Zerscht müesse mir s Gäld für üsi Chind alegge. Mir si gly die einzigi Gmein im Amt, wo ohni Chindergarten isch.» ...

Potz Millione, die einzigi Gmeinröti het do schön in es Wäschpinäscht gstoche. Jetz si die ygfleischte Bürger i Jääs cho.

«Was wott die Frömdi üs cho morale? Schönebrunne isch fortschrittliger, weder as me gloubt.»

«Mir si die erschti Gmein, won es Schwümmbad planet het.»

«E Chindergarte chan is einschtwyle gstohle wärde.»

«D Froue sellen ihri Grööggeliwar besser stalle und echly weniger i de Gaffewirtschaften ume blättere. Jedi braschaueri vom Abnäh und verdrückt e Bärg maschtigi Merängge und Chuechegschmöis.»

Jetz isch s Füür im Dach gsi im Dorf ume.
«Waaas wott die Frömdi?»

«Von ere Frömde löh mer üs de nit a der Halftere loh umefüehre.»

«Die Frömdi wott üs s Schwümmbad verhäfele.»

«Mir wei die erschte sy im Amt.»

Wo-wohl, der Anja isch d Höll schön heiss gmacht worde.

«Wenn die so will, chönne mir jo ou anderi Viehdökter i der Gäged loh cho.»

Für der Friden im Dorf nit z verfuehrwärchen und ass wider Rueh git, het d Anja a der nöchschte Gmeinrotssitzig ihri Motion wider zruggzoge. He jo, d Praxis vom Jürg isch ihre nit glychgültig gsi. Fryli het sie fürs Protikoll no zwe Sätz parat gha. «Die müesse feschtgnaglet sy, myni Heere.»

«Im Interesse des Dorffriedens ziehe ich meine Motion betreffend Errichtung eines Kindergartens zurück. Ob Kinder im Vorschulalter bis zum Schuleintritt wegen mangelnder Betreuung weiterhin latenten Gefahren ausgesetzt sein sollen, liegt im Verantwortungsbereich der Eltern und Gemeindebehörden.» Punkt! — — —

Keis Wort! Müxlistill ischs bliben im Gmeinrotszimmer. Mit paar güggelrote Chöpfen isch me uf d Wort vo der Anja ygstige.

Der Gmeinschryber, en überzüügten Ahänger vom Chindergarte, het der Frou Zumbüehl mit eme verschmitzte Lächle zueblinzlet und jedes Wort ganz gnau fürs Protikoll uufgschribe.

«Die Frömdi het d Milch abegäh», hei es paar Chnorzine paar Tag spöter am Wirtstisch braschaueret.

* * *

Der Anja isch aber der Chindergarten es heiligs Alige blibe. Sie het derby eben ou a ihre Reto dänkt, wo anderi Gspahne setti ha, weder nume die Grossen um nen ume.

E Monet spöter hei der Gmeinnützig und der Landfroueverein im Singsaal vom Schuelhuus bschlosse, sie wellen en Eltereschueligskurs organisiere. Die nöji Zyt bringi eifach Problem, wo bsunders die junge Müeter heilos usicher mache. Ass d Anja die wichtigi Versammlig nit het welle verpasse, cha me nume z guet begryfe. Wär weiss, vilicht e gueti Glägeheit, für s Wasser uf ihri Mühli zreise.

Ihres guete Gspüri het sie nit im Stich gloh. Ohne öppis müesse derglyche z tue, stüre no der Versammlig guet es Dutze Froue us allergattig Familien uf sie zue.

«Frou Dokter, chiemtet dir nit no zum ene Tee im Löien übere.»

«Wenns nit z lang goht, worum ou nit. My Ma het drum Nachtdiensdt».

D Froue si ganz im Yfer. «Wüsset er, mir hätte drum no öppis Wichtigs azteigge!»...

D Löiewirti schickt das Frouechränzli is hinder Sääli. Und dört isch s do losgange.

«Frou Dokter, mir stöh de ganz hinder euch wäg em Chindergarte.»

«Isch höchschti Zyt, ass öppis goht!»

«Das blöde Schwümmbad macht es paar Dorfregänte no ganz sturm.» ...

«Jää, myni liebe Froue, i ha my Motion im Gmeinrot ebe zruggzoge, wenn dir das no nit wüsset ... Die ganzi Paschteten isch gäge mi gsi», begährt d Anja uuf. «Und no öppis: mym Ma hets gschaden i der Praxis, Chunde sin üs abgsprunge. Und de isch erscht no a de Wirtstischen ume pralaagget worde, was wott die Frömdi?»

«Was wott die Frömdi?» proteschtiert d Frou Grossebacher vom Chleiderlade. «Soo abschätzig die Frömdi?»

«So si d Mannen ebe und bsunders paar Ygsässni mit ihrem Dünkel.»

«Mir Froue do inne si ou Zuezogni. Üsi Manne zahlen ou Stüüre und de no meh weder die paar Vierschröter und Brämschlötz im Züüg inne». So rede d Froue durenand. Es goht wie im ene Imbihuus.

«Wüsset dir was», schloht d Frou Ängel vo der Sparkasse dezidiert vor. «Mir gründen e Verein. Ganz privat und ohni die Chnorzine im Gmeinrot z froge. Im Früehlig föh mir grad a mit em nöjie Schueljohr. Vierzäh bis füfzäh Chind hei mer garantiert sicher.»

Aber jetz chöme die Frouen öppis z ghören über, wo sie chuum dra dänkt hätte. Ganz spontan hänkt d Anja i eim Yfer y. «Gottlob e vernünftigi, nei, was säg i, e grossartigi Idee. Und wüsset dir was, liebi Froue? Mir machen en erschte Versuech mit zwe halbe Tage und zwar mit em Zyschtig und em Donnschtig. Worum so? Wyl i mi die erschti Zyt gratis as Chindergärtneri här gibe. Ou üsem Reto z lieb, das verstöht dir sicher. Mit weni Unchöschte wei mer langsam aber sicher üse Chindergarten uufboue. Stei für Stei, ebe grad dene Schwümmbadfanatiker z Trotz. D Müeter müesse nume grad s Papier, d Farbstifte, churz und bündig eifach s Material zahle.»

Hei doch die zwölf Froue gjublet. «Mir weis aber nit a die grossi Glogge hänke.»

«Was will die Frömdi? mit däm primitive Spruch wei mir uufruume», triumphiert d Frou Ängel vo der Sparkasse.

«Mit der ‹Frömde› gäbe mir de üsne starke Heeren e geischtigi Ohrfyge, ass sie si i Grund und Bode müesse schäme. Sie sellen nume wyter d Frou Dokter underschätze.»

Die grossi Idee het — wie gseit — ygschlage. D Frou Grossebacher vom Chleidergschäft isch grosszügig drygfahre.

«Wüsset dir was? Mir ruume by üs im erschte Stock es Tuechlager und dört hei d Chind e schöne Platz zum baschtlen und gvätterle. Frou Dokter, mir wärden euch öppis zwägmache, wo gfröit wird.»

Sälb Nacht het d Anja deheime nit möge gwarte, bis der Jürg vom ene Notfall heicho isch. He jo, ne gfröiti Botschaft gwichtet.

«Du bisch doch e grossartigi Kämpferi», meint der Jürg. «Gsehsch, es bruucht mängisch e Funke. Für üsi Praxis passt dä Plan — besser nützti nüt. Am Zyschtig Nomittag gohn i mit em Assistänt i der Regel goh operieren und am Donnschtig, weisch jo, gohts wie by de Mediziner, me macht frei. Weisch, mir junge Veterinäre wei ou no Mönsche sy.» ...

* * *

Uf e Früehlig hets — wie gseit — dä provisorisch Chindergarte gäh. Me hätt die Bueben und Meitli selle ghöre rüehme.

«Uuu d Frou Dokter isch halt e liebi und e luschtigi. Mir wetten am liebschten all Tag zuen ere goh.»

Derwylen isch non e andere schöne Plan gryfet i der junge Veterinärfamili. E nöji Bougnosseschaft isch dra gsi, gäge Schönebrunner Wald zue praktischi und sunnigi Eifamiliehüüser uufzstelle.

Der alt Dokter Isler het em Jürg nüt derwider gha. Won em dä ganz offe sy Plan vorleit, ou es eigets Huus z ha, chly vo der Praxis wäg. D Apithegg blybi im alte Dokterhuus wie bis jetz.

«Ganz yverstande, Jürg. I as dy Götti, wo bis is Alter gsund blibe bi, cha guet d Apithegg füehre. Und säg, wie stohts mit de Finanze; Magsch gfahre? Wird s nöjie Huus nit e z grossi Belaschtig für di? Du weisch jo, was i meine!» ...

«Los, Götti, du bisch güetig. I wär nit z stolz und ou nit z vürnähm zuezgäh, wenn i dört duren e Hilf nötig hätt. Zum Glück mags yne».

«Nu, es sell mi fröjie, Jürg», lächlet der Dokter Isler und chlopfet em härzhaft uf d Achsle. Uusgänts Mejie isch d Bouerei vo nume grad zwölf Eifamiliehüüser losgange. Potz tuusig, wie hei si d Polier mit ihrne Muurer und Handlanger grodt, schier wie wenn sies im Akkord hätte. Gäge d Wättersyte si im Umeluege scho höchi Bachsteimuure gstande.

«Es rückt, es rückt!» hets im ganz Dorf ume gheisse. Zum Glück keini vo dere stumpfsinnige Wulchechratzer oder modärni Chüngelichischte.» ...

* * *

So um Mitti Juni ume het e töifblaue Himmel über em Schönebrunneramt glachet. Nit eis Wülchli. D Lüüt i eim Yfer uf de Fälder ume. Der Stationsvorstand het zwar bhouptet, es syg über em Hogant und de Bärner Alpe ganz früeh chly nes verdächtigs Morgerot uuftoucht. Me gseih das öppe nit grad gärn.

Item, e heisse Tag isch druus worde und ebe grad Donnschtig. D Chind vo de zwöinen a im Chindergarte. Dört obe het e mörderligi Hitz die Bueben und Meitli fascht schlöferig gmacht. E gnietigi Sach. Nit rächt gvätterle, vo Singen und Spili mache kei Red. Für d Anja keis längs Wärweise.

«Chömed Chind, mir göh lieber gägem Wald ufe i Schatte. Dört chönne mer stübelen und Spili mache.»

Fascht tuubetänzig si sie worde, die Bueben und Meitli. «Uuu jo, Frou Dokter! Bravo! Bravo!» D Stägen ab isch die jungi War fascht gfloge. Scho chöme sie by de Bouplätz verby mit den erschte Muure vo de nöjie Hüüser. Stolz, wien e Chönig, blybt der Reto Zumbüehl eismols stoh und rüeft, so luut, ass em d Stimm fascht verschloht:

«Lueget, lueget, das git üsers Huus!» — —

Im Hui isch die chlyni Schar im Wald ume gfägiert. Die erschte ryfen Ärdbeeri! Im weiche Miesch umedrohle! D Anja luegt däm

Tryben es Wyli zue und lachet: «Me chönnt scho meine, d Chind syge no nie i däm Wald gsi.» Die meischte hei ihres Zvieriseckli ganz vergässe vor luuter Yfer.

Ufsmol rüeft e Bueb: «Frou Dokter, i glouben es heig vori donneret!» ...

«Wird nit sy!»

«Wo-wohl, jetz han is wider ghört!» — —

I de Böim fohts so gspässig afoh ruusche. Über de Tannegible gseht me kei blaue Himmel meh. D Sunne het si verschloffe. Schwärm vo Mugge surre de Chind hässig um d Chöpf ume. I Zyt vo paar Minuten isch s stockfeischter worde. Uheimelig! Jetz donnerets z grächtem. Es blitzt und chroset und chrachet i eim yne.

«Chömet Chinder!» rüeft d Anja ganz verzwyflet, «es chunnt es grüüsligs Wätter vom Jura här. Prässiere, prässiere, ass mer no troch heichöme.»

Ussen am Wald chöme scho grossi, schwäri Tropfe z drohle. D Chind schlüüfe fascht i d Anja yne. Sie muess by allem Eländ no fascht lache.

«Me chönnt gwüss fascht meine, i syg d Gluggere und dir wäre d Bibeli.»

Sie, e Frou mit Ornig, het am Nomittag by allem Goh der Frou Grossebacher i Laden yne grüeft gha: «I goh mit de Chind i Wald, wüsset er bym Bouplatz verby. Zrugg chöme mer de ou wider der glychlig Wäg. Wenn öppen e Mueter setti froge, ... gället, me weiss es jo nie!» — — —

Z Schönebrunnen im Dorf si die schwarze Wulche schier uf d Huusdächer abeghanget. Uheimeligi Blitze i einer Chetti, fascht am Bode noh. Die ganzi Luft isch schier glade. Der Frou Grossebacher schwanet nüt guets. Sie schiesst i eim Schnuus mit ihrem grossen Mercedes zu der Garage uus, fascht in es Höifueder yne. Zum guete Glück het sie ou d Frou Ängel vo der Sparkassen am Telefon chönnen erwütsche. «Chömet tifig mit euem Ford. Mir müesse d Chind heireiche vom Wald». Heiligs Verdiene, wie drücke die beide Frouen uf d Gaspedale, ass kei Gattig het. Der Fäldwäg uus, am Bouplatz verby. Dört chunt d Anja mit ihrne Chind cho zrönne. Gottlob, das Schärli isch bynand. Keis fählt! D Frou Grossebacher und d Frou Ängel ryssen e Stopp.

«Ystyge! ... Ystyge!» rüeft d Anja, sie wird fascht chyschterig derby. Die beiden Outo si pumpsvoll. D Chind müesse schier ynebige wärde. Kei Platz meh für öpper!

«Aber jetz dir no, Frou Dokter!» rüeft d Frou Grossebacher i einer Uufregig.

«Fahret, fahret, ums Gottswille, d Houptsach si d Chind. I chume scho no uf ne Wäg hei», git d Anja Bscheid.

No bevor der gröscht Sturm mit eme grüüslige Wulchebruch über em Amt yne gwüetet het, si d Chind im Dorf, im Schärme gsi, ou der Reto Zumbüehl...

D Anja kämpft si tapfer dur dä usöd Sturm dure. Sie wird fascht furttreit vom Orkan. Und erscht die Wasserschüttine us de schwarze Wulchen use. D Chleider chläbe nume so an ere. Und ihri prächtige schwarze Hoor hange re wie Fäden über d Achslen abe. Uf em Bouplatz suecht sie es bitzeli Schutz. Aber oheie hei, d Chäller si ganz platschet voll Wasser. Wo no goh undere stoh, wenn no gar nüt under Dach isch? Wohl, uusgrächnet by ihrem Nöibou über der Muur gäge d Wättersyte hanget häb chläb es Grüscht, wo vom Sturm fryli scho verhudlet isch. Dört drunder hoffet sie e chly chönne z verschnuufe und vilicht em gröschte Räge chönnen uuszwyche. Aber heie hei, das isch weniger as nüt. Es Wyli het der Sturm chly verdublet gha. Aber numen es Wyli. E nöjie Stoss, no vil strüber as vorhär, der reinscht Wirbel.

Uf em Bouplatz fohts a chrosen und chrache wie bym enen Ärdbebe. S Grüscht vos Zumbüehls Nöibou grotet no ganz us de Fuege. D Läde wärde furttreit wie Schindle. Ei Wirbel uf der ander wüetet um die halbfertige Hüüser ume. Und jetz e mörderlige Krach! D

Muur, wo die tapferi Frou no hätt selle schütze, gheit y, wien es Chartehuus. Do gits keini Wort meh. Es himmeltruurigs Änd! Erschlage lyt d Anja under der ygheite Muur. Sie, wo si däwäg ufs nöjie Huus gfröit het, muess uf däm Platz tragisch ums Läbe cho.

D Frou Grossebacher und d Frou Ängel hei vor luuter Chind versorge d Anja schier vergässe. S Gwitter het gly einisch verdublet gha. Zyleten Öpfelböim liggen i de Hoschtetten ume wie Zündhölzli. Beid Froue luege gägem Bouplatz abe. Aber niemer chäm der Fäldwäg uuf gägem Dorf zue. E Mönsch isch e Mönsch!

«Wo isch ächt d Frou Dokter?»
«Mir wei hoffe, dass ere nüt gscheh isch. Jetz, wo s Gwitter umen isch, sett sie doch derhär cho.»
Froge!... Froge! Aber kei Antwort! Die letschti Hoffnig: «Isch sie ächt öppe doch deheimen im alte Dokterhuus?»...
«Am beschte gohn i goh alüüten is Dokter Islers», meint d Frou Grossebacher mit ere zittrige Stimm. No paar Minute chunnt sie aber wider vors Huus, totebleich. «Sie isch doch no nit deheime!»
«Git nüt anders ass gägem Bouplatz abefahre!» Das, was die beide Froue dört niden

aträffen under der ygheite Muur, het sie a Rand vo der Verzwyflig brocht.

* * *

Am Mändig druuf isch e längi schwarze Zug vom Truurhuus hinder em Lychewage noh gloffe. Es Wort isch es Wort. D Lüüt hei gschwige. Dä grüüslig Schock het ne d Stimm verschlage gha. Der glych Pfarrer Zesiger, wo der Jürg und d Anja zäme gäh gha het, isch sälber fascht wien e brochne Ma, mit zittrige Chnöi i der Chilen uf d Chanzle gstige.

«Wie sell i no die chlyni Famili tröschte, wo s Liebschte so tragisch het müesse härgäh? Was sell i der ganze Gmein säge?»

Nume settigi Gedanke fahren em dur e Chopf und mache der bekannt energisch Fäldprediger usicher und verläge... Fryli probiert er der Psalm 103 mit ere zittrige Stimm uuszlegge:

«Ein Mensch ist in seinem Leben wie Gras, er blühet wie eine Blume auf dem Felde. Wenn der Wind darüber geht, ist sie nimmer da.»

I syner ganze Seelenot het em Pfarrer aber d Anja sälber ghulfe. Uf ihrem Nachttischli isch drum syt em Hochzytstag e Liedstrophe glägen und die het ihm der Jürg für d Abdankig am Obe vorhär no is Pfarrhuus brocht:

«Hilf Herr, meiner Seele, dass ich dort nicht fehle, dass ich dort nicht fehle, wo ich nötig bin.»

Nume die Strophen elei het alls gseit. Vil meh Wort hets nümme bruucht vo der Chanzle här.

A däm tragische Fall hei alli Schönebrunner gnue z chüschte gha, mänge Tag, mängi Wuche. Und die, wo so schäbig gfrogt hei: «Was wott die Frömdi?» si ganz chly worde. — — —

* * *

D Plän für nes nöis Schwümmbad si uf der Gmeinschryberei i d Schublade gsteckt worde. Derfür het es Johr spöter der Chindergarte chönnen ygwiche wärde. Oben a der Türen isch gstande:

«Gründerin Anja Zumbühl»

E Staatsaffäre

(Wenn der Amtsschimel rüchelet)

Der Redakter Jäisli vom Monetsheft «Muetersproch», en Idealischt, won e d Huut arüehrt, isch wider druff und dra gsi, e schöni nöji Nummere zämezstelle. Prächtigi Merzetage hei ne glöcklet, im Bezirk Mutschegarten und Goffisburg umezgundle, wie me seit. Die Gäged het em gar wätters guet gfalle und d Lüüt vo dört erscht rächt. Dichter, Chronischte, Fotegrafe, meh weder gnue, hei em Redakter Jäisli mit sym Plan yfrig under d Arme griffe.

«Do mache mir mit!» ...

«Für so öppis si mer z ha!» ...

Jede het i syner Schubladen öppis Guggers zwägbüschelet gha. Es Glück für e Redakter, so us em Volle chönne z schöpfe.

Kunschtgwärbler, Frässbeizli, Kurhüüser, Täfeli- und Bisquitsfabrikante, alli si parat gsi, em Monetsheft «Muetersproch» mit Inserate z hälfe, ass d Chöschten ömel hei chönne deckt wärde. E Drucker vo Wohlige het em Jäisli sogar no Cliché vo ganz schöne, typische Bilder us dere Gäged uusglieh ...

Item, d Lüüt hei si schier grissen um das gfröite Heft. Paar Zytige hei sogar gschribe, dä, wo die Schrift usegäh heig, müess für d Bezirke Mutschegarten und Goffisburg ganz e bsunderi Liebi ha. Bärge vo Briefe si em Redakter ufs Pult gfloge. Päckli und gueti Spezialitäte drinn, guete Wy! Alls ei Dank!

Aber isch s nit eso, dass Tüüfels Dank hindenume verfuehrwärchet, wo vo Mönsch zu Mönsch uufbouet worden isch? Das het ou der Redakter Jäisli bitter müessen erfahre. Das isch so gange, loset nume: Am ene Frytig uusgänts Juni, wies zu der Ornig ghört, isch är zu däm fründlige Drucker uf Wohlig gfahre, für die uusglehnte Cliché zrugg z bringe. Ganz satteli stüüret er sy Fiat durs Dorf dure.

Jetz muess de die Druckerei sicher chly wyters vore cho. He, jo, linggs vo der Stross! Wäg eme gjuflige Chind, wo vom Trottoir grad i d Fahrbahn yne wott springe, muess er uuswyche und verpasst i däm Momänt ebe das Huus vo der Druckerei. Das gwahret er hingäge tifig. Aber chehre, zmitts uf der Stross, nei bym Donner, das wär z risgiert. So fahrt er langsam aber sicher gäges Usserdorf. Dört trifft er en uufgrissni Stross a, mit ere ganz schmale Fahrbahn. Uf der lingge Syten alls ei Graben und Härdhüüfe, Strossewalze, Rouch und Teergschtank. Der Redakter Jäisli isch wüescht i d Tinte grote. Scho chöme die erschten Outo vom Dorf gägen ihn cho z fahre. Uf eme Huusplatz rächts chan er Platz mache. Aber scho stoht der Boufüehrer Stänz byn em zue und bägget wien e Uvernünftige.

«Cha dä Hornochs i däm Outo ou luege? Heit er s Signal 'Einbahnstrasse' dört vore nit gseh? ... Dir chömet jo vo Mutschegarte. Also heit er s Signal überfahre!» ...

«Stimmt nit, guete Ma. I chume vo Wohlige här und ha grad my Richtig korrigiert. Was dir mir do weit vür ha, stimmt hinden und vore nit.»

«Aha, usehöische wott dä nobel Heer no! Euch zeigen i jetz grad a.»

Der Boufüehrer schnellt sys schwarze verchahrete Notizblöckli us der hindere Hosetäsche und schrybt d Outenummere vom Jäisli uuf. Derby rüeft er no zwene Strossenarbeiter. «Gället, dir syt Züüge, ass dä Heer do nit vo Wohlige här cho isch.» Stramm, wie zwe Eidgenosse stöh die Züüge häre. «Herr Stänz, dä Outofahrer lüügt wie druckt. Vo Mutschegarten isch er z schlyche cho.»

Das hingäge het der Jäisli uf d Palme tribe. «So, so, wäret dir vo euem Meischter no agstiftet, falsch uuszsäge. Do cha me nume der Chopf schüttle. Aber, gället, Manne, dir dürfet jo gar nit andersch rede. Armi Tüüfle syt er und däm seit me Freiheit? Stärne föifi! ... Nu, guet, adie Herr Stänz! Nume no ei Frog: Syt dir Polizischt?» ... Der Boufüehrer schwygt und der Jäisli fahrt exakt dä Wäg ab, wo as Umleitig gilt. Er chochet innedra. «Jede Plouderi wott afange Polizischt spile. Das cha guet wärde. Adie freji Schwyz.»

Die ganzi Gschicht loht em kei Rueh. «Jetz wird doch dä Spinner en Azeig mache, Lugine uuftische und zwe Handlanger as falschi Züüge dinge. Das hingäge loh mer nit loh biete.» ...

Dört chunnt e Bueb derhärzvelöle. Der Jäisli stellt sy Fiat näbe d Stross.

«Du, los, wo isch eue Polizeiposchte z Wohlige?»

Der uufgweckt Bueb isch nit verläge. «Chönnet do grad wyterfahre, dört unden am Bahnglöis noh gäge d Station abe. Der Landjäger wohnt a der Bahnhofstross Nummero drüü.»

«Bisch e brave! Lueg, do hesch e Franke!»

So stüüret der Jäisli uf d Bahnhofstross drüü zue. Platz zum Parkiere hets meh weder nume gnue. Dezidiert lüütet er a der Huustüre. Der Landjäger chunnt grad sälber cho uufmache.

«Jäisli isch my Name.» ...

«Fröit mi, my Namen isch Günther; chömmet yne cho Platz näh. I ha nume non es churzes Telefon und de chönnet dir euers Aalige vorbringe.»

Chuum drei Minute spöter, wie uf Kommando hocket der Landjäger scho a der

Schrybmaschine. «Herr Jäisli, dir chönnet rede.»

Der Günther lost es Wyli, drückt der rächt Mittelfinger a d Stirne und zieht hantli e gäle Fackel us der Schublade. Em Jäisli schwanet öppis. Bevor er nume rächt die ganz Gschicht mit em Boufüehrer Stänz fertig verzellt het, muess er gseh, dass dä gäl Fackel as Zentralstrofregischter uf Bärn goht.

«Jää, Herr Günther, was isch das für nen Yrichtig by euch», gwunderet der Jäisli. «Mir wird vom ene Flegel vo Boufüehrer a Chopf pängglet, i heig es Signal überfahre, wo der Eibahnverchehr tüe regle, was hindertsi und vürsi nit stimmt. Es isch no gar kei Chlag by euch ygange. As aständige Bürger, wome ungrächt verdächtiget und wott ychlage, bin i uf em nöchschte Wäg zu euch cho, im Glouben, ass dä guet Spruch 'Die Polizei euer Freund und Helfer' ou by euch tüe gälte.»

Der Jäisli gspürt, wien er vor Wuet rot wird bis hinder d Ohre, won em der Landjäger Günther z verstoh git, er chönn ihn nit schütze wäg em Verstoss gäges Motorfahrzüüggsetz. Er müess nen ychlage.

«Aber, wyl dir sälber dohäre cho syt, chan i em Bezirksgricht mit der Chlag der Atrag stelle, me sell d Buess im underschte Rahme bhalte.»

«Herr Günther, do stoht mir der Verstand

still. I däm Fall cha jo jede Glünggi by euch uufchrüüzen und öpper cho verluuse. Das isch e Rächtsornig, wo mir as seriöse Staatsbürger bis jetz frömd gsi isch. Das goht mer as Läbige. So züchtet me d Anarchie».

«Es tuet mer leid, Herr Jäisli. Dasmol syt dir uf em Holzwäg — im Unrächt. Euers Verchehrsdelikt lyt jo klar uf der Hand.»

«Ebe nit klar, adie Herr Günther!» ...

* * *

Schoh zäh Tag spöter bringt d Poscht em Redakter Jäisli en ygschribne Brief vom Bezirksgricht Mutschegarte. Scharfe Tubak! Sächzg Franke Buess wärden em uufgsalze... «wegen Verletzung von Artikel 16/Absatz 2 des Motorfahrzeuggesetzes.» ...

Der Jäisli chochet vor Wuet. Uf em Strofmandat stoht no churz und bündig gschribe, er chönn by der Staatsanwaltschaft das Urteil afächte. Er bsinnt si kei Momänt; aständig, aber ganz präzis bringt er syni Ywänd vor. I churze Züge wird ou die gspässigi Rolle vom Boufüehrer aprangeret. Em Jäisli sy Rekurs chunnt zum usserordentliche Staatsanwalt. Dä het mit Schyn nit lang Fäderläsis gmacht. Chuum paar Tag spöter chunnt der Bricht us der Residänz.

«Ihr Rekurs wird hiermit abgewiesen. Die

Strafklage wegen Verletzung des Motorfahrzeuggesetzes erfolgte zu Recht.
Der ausserordentliche Staatsanwalt
Dr. H. Hartweiler.»
«Stärnemillione!» zieht der Jäisli vo Läder. «Was isch das eigetli für ne Rächtsornig. Dä, wo dä Fackel underschribe het, bchönnen i jo. Er hocket i der glyche Partei wie i... I dere Partei, wo der Rächtsstaat wott schütze. Es Dräckgschäft sägen i däm. Der Amtsschimel rüchelet nume wyter. Me redt süscht gäng vom Gummiartikel: ‹Der Führer muss sein Fahrzeug ständig beherrschen und die Geschwindigkeit den gegebenen Strassen- und Verkehrsverhältnissen anpassen›. S ganze Motorfahrzüüggsetz isch bis z letscht Gummi — Chätschgummi!»
Der Redakter Jäisli git der Kampf aber no nit uuf. Do het är vil e z herte Chopf. Jetz probiert er no ganz privat bym Diräkter Chappeler vo der Stosseboufirma azdopple und rollet die ungfröiti Gschicht mit em Boufüehrer Stänz mit de falsche Züüge no einisch uuf. Mit sym Brief schickt er ou s schöne Heft «Muetersproch» a dä Diräkter ab.
«Mit dieser Schrift wollte ich Ihrer schönen Region die Referenz erweisen. Als Antwort erhalte ich von Ihren Amtsstellen Fusstritte. Wenn Sie glauben, Ihr Bauführer habe richtig gehandelt, dann täuschen Sie sich.»

Der Diräkter Chappeler isch fryli chly verläge worde. Schrybe het er em Redakter Jäisli nit welle. Schlau gnue! «I wott mi nit uf d Äscht useloh», wird er dänkt ha. Statt e Brief chunnt mörnderisch es Telefon mit hundert Uusrede.

«Jo, Herr Jäisli, i ha euers schöne Heft gläse. Dir bchönnet üsi Gäged mit Schyn guet. Grossartig heit er das gmacht. Sympathisch von ech!... Aber wägem andere chan i nüt meh mache. D Chlag isch gloufen und my Boufüehrer bhouptet styf und fescht, dir heiget s Signal überfahre.»

«Herr Chappeler, dir enttüüschet mi bitter», git der Jäisli ume. «Dir as privaten Undernähmer gäbet em Amtsschimel no Fueter, ass er no meh cha rüchele. Was hätt jetz das uusgmacht, über e Landjäger, bym Bezirksgricht Mutschegarte d Chlag zruggzieh. I wett uf all Fäll nit s Gwüsse vo euem Boufüehrer ha.»

«Herr Jäisli, es tuet mir jo leid, scho wenn i a eui Sympathie für üsi Landschaft dänke. Aber, ploget ech doch nit wäg dene sächzg Franke. Es isch si jo chuum der Wärt, e settigi Staatsaffäre z mache.»

«Herr Chappeler, es goht mer nit ums Gäld. Ums Rächt gohts und um gar nüt anders. Höbelet dir Privatundernähmer numen em Staat, er het ech gly einisch i der Zange!»..

Wie gseit, der Jäisli und der Diräkter si kei Brosme einig worde zäme.

Aber der Artikel 16 / Absatz 2 het wyters gspukt. «Das sell doch der Tüüfel näh mit däm Amtsschimel. Der Schwanz uusrysse sett me däm Hagel und ne zäntume lächerlig mache mit syne Marotte», pülveret der Jäisli nach em Telefon mit em Diräkter Chappeler. Die grossi Wuet hocket in em inne wien es Mottfüür, ganz bsunders no wäg em Landjäger Günther. «Ghüüchlet het er, won i byn em gsi bi. Der Guet welle spile, mi aglogen und versohlet. Nit emol goh luegen isch dä Schlawiner. Jetz wird non e letschte Trumpf uusgspilt und wenn dä nit sticht, gits no Zytige, wo me cha yspanne. Üsers eifache Volk isch mündig und het es fyns Gspüri, bsunders dört, wo d Paragrapheryterei zum Tüüfelskreis wird. Güntherli, Güntherli, jetz wird dir eine ygschänkt.»

Der Jäisli schrybt düütsch und düütlig as Polizeikommando i der Residänz. Er weiss, ass der Kommandant schynts e fyne Jurischt isch und kei Gspass mag verlyde, wenns ums Gsetz und ums Rächt goht. Ghouen oder gstoche!

I der Beschwärde wird nit gflunkeret, nei alls, wies zue und här gangen isch und ass uf kei Fall es Verbottssignal überfahre worde syg. Der Jäisli setzt sys ganz Vertroue i oberscht Chef vo der Polizei. Aber d Antwort isch em Beschwärdefüehrer uf der Stell uf e Schrybtisch gfloge. Hert! — Überzüügt! — — — Schier gar wie im Kasärneton! En Abschiffete! Kei Jota vo Verständnis für e Jäisli!

«.. Sie als Beschwerdeführer befinden sich eindeutig im Irrtum. Ihr Verkehrsdelikt, das Sie benebeln wollen, ist erwiesen. Polizist Günther hatte nicht nur das Recht, sondern die Pflicht, gegen Sie die vorliegende Strafanzeige zu erstatten.

Wir raten Ihnen dringend, von weiteren Schritten abzusehen, da Sie sich eindeutig im Unrecht befinden.

Der Polizeikommandant:
Hptm. H. Sommer»

Scharfe Tubak das! Mit däm Brief isch aber no anderi, gfröiteri Poscht zum Jäisli gfläderet. Uusgrächnet us de beide Bezirke, won er mit sym Heft «Muetersproch» so Furore gmacht het, si nume grad es Halbdutze Briefe cho im Uuftrag vom Bundesfyrkomitee us de Dörfer. Glungnigerwys foht jede Brief fascht uf e Tupf glych a. Me syg uf der Suechi nom ene Bundesfyrredner. Wär chönnti besser rede zu de Lüüten as är. Scho mit sym Heft heig er der Ton troffe.

Ei Briefschryber wie der ander het em Jäisli

fascht d Händ under d Füess gleit. Me täts beduure, wenn er nit chönnti cho.

«Ebe, do hei mers», lachet er bitter mit em gwüssne Galgehumor. «D Lüüt wäre normal, das isch klar wie Brunnewasser. Aber üsi Pharisäer und Schriftgelehrte si sturi Sidiane, d Rächtsverdräjier. Me sett dene e Wuche lang Paragraphe ylöffele, bis ne d Ohre gnappe. Grad rächt, die hüürigi Bundesfyr isch Wasser uf my Mühli. Mir hei i üser Schwyz no hüt dere Sadischte mit ere stinkwichtige Gesslerfissage. Nit verschiesse set me sie. Nei, aber ne ihri Larven abrysse, sie sänkle und ne z verstoh gäh, dass gäng no üsers Volk regiert und sie üsi Chnächte syge.»

«Wer die Wahl hat hat die Qual», brummlet der Jäisli und chratzet fascht chly gnietig hinder em rächten Ohr. Wäm sell er zuesägen und wäm absäge. E chutzeligi Sach. I jedes Dorf gieng er gärn. Aber eben uufteile chan er si nit. Und uf wyteri föif Johr si goh versprächen, isch scho meh Gott versuecht. I syner ganze liebe Not rüeft er der Frou i d Chuchi use. «Du, Adele, mit dym fyne Gspüri, chasch du mir rote, won i häre sell?» ...

«Guete Ma, do hesch du mi überfrogt. Aber weisch, du wärisch jetze d Stouffacheri und i der Werner. Statt, wies im ‹Täll› vom Schiller heisst: ‹Schau vorwärts Werner und nicht hinter dich›, chönntisch du jo säge:

Schau nach diesem Dorf, Werner, und nach keinem andern.»

D Frou Adele isch nit vo Gugelhopf gsi. «Los, mir mache das jetz einisch salomonisch. I nime sächs Jasscharte vüren, alls Härz mit em Ass derby und schryben uf jedi Charte fyn mit Bleistift der Name vom ene Dorf. Das Dorf, wo uf der Charte mit em Ass uufgschriben isch, sell gälte; dörthäre muesch du dy Red goh ha. E bessere Rot chan i dir nümme gäh.»

«Adele, du bisch e Tousendsassa i Frouegstalt. I has doch dänkt, du findisch e Wäg.» Ass alls ganz korräkt gangen isch, het d Frou d Jasscharten uf e Chuchistisch usegnoh und het wie gseit d Näme vo der Dörfer druuf gschribe, ass men alls nochhär wider het chönnen uusgumele.

Nom ene Wyli chunnt sie mit eme schelmische Lächlen uf em Gsicht i d Stube z tänzerle, mischlet d Charte gwüss de Dutze mol und brödelet s Zoubersprüchli «Simsela bim».

«So jetzt chönnet dir gäng eini zieh, Herr Stouffacher.»

Der Jäisli foht afoh apacke. S Härz Achti!... nüt! S Härz Nüüni!... nüt! S Härz Sächsi!... nüt! S Härz Sibni!... nüt! S Härz Zähni!... wider nüt!

Jetzt blybt bym Hageli nume no s Härzass! Der gross Wurf! Und das wär? Der Jäisli list luut und düütlig «See — — — wil! He jo, das isch im Bezirk Goffisburg. Nit wyt eväg vo der Residänz. Dört häre gohn i gärn.»

D Seewiler hei si natürlig unghüür gfröit, ass grad sie die Glückige hei dürfe sy. Fryli isch s em Jäisli bsunders dra gläge gsi, den andere aständig und fründlig z schrybe, ebe chly mit der Vertröschtig uf anderi Johr, ohni öppis fescht z verspräche. Schon e Wuche vor em erschten Ougschte hei d Seewiler im Bezirksanzeiger es grosses Inserat loh yrücke. Referänt syg der bekannt Redakter Jäisli.

Chly heimlig vom Tüüfel gstüpft meint dä: «Die uf em Polizeikommando i der Residänz sette das Inserat ou z gseh übercho. Scho wäg em Oug und süscht, wie men öppe seit».

Fryli isch der Anzeiger dört ou zirkuliert. He jo, uf em Kommando het me si um alli Bezirke müesse kümmere. Luuschi Inserat vo Spilsalon und settigem Züüg, hert a der Gränze vom Gsetz hei d Hermandad i der Residänz scho vo Amtswäge müessen inträssiere. — —

Item d Seewiler hei mit ihrem Redner s grosse Loos zoge. Scho der usser Rahme vo der Bundesfyr, s Publikum, über achthundert Pärsone, vil us de Nochberdörfer, het müessen Ydruck mache. Vor ere settige Mönschegulisse dürfe rede, het em Jäisli ganz ghörig Mum gäh.

Fryli hets i der Wyti öppe mol donneret und über der Geissflueh, der Froburg zue, am Jura noh si schwäri Wulche vom Oberot fascht is Füür dünklet worde. Es grossartigs Schouspil vo der Natur a däm erschten Ougschte!

Der Bundesfyrredner Jäisli isch wie gseit glade gsi, Dampf het er müessen abloh, z begryfe vo eim, wo as yfrige Staatsbürger und Patriot nit ärnscht gnoh worden isch vo der Creme im Rächtswäse, besser gseit vo der juristischen Elite. Süüferli foht er a:

«Wo kei Opposition i der Demokratie darf uufcho, het der Staat mit syner frejie Verfassig sys Gaschtspil gly gäh. De chan er zämepacke. I däm Fall isch nümme s Volk Träger vom Staat. De chöme Despote uuf, won e unghüüri Macht chönnen übercho. Wo der Mönsch mit unkontrollierte Polizeidiktaturen a d Wand drückt wird, hört de Demokratie uuf. Was isch s Änd vom Lied? Der glych Mönsch cha as Hyäne mit Gwalt uufträtte, er wird Anarchischt.

Üse Bürger und üsi Bürgeri hei bis jetz, wien i ha chönnen erfahre, e gsunden und e heilige Respäkt vor em Gsetz. Aber, liebi Bundesfyrfamili vo Seewil, der Schwyzer wott ou, ass me syni heilige Rächt tuet respäktiere. Eine, wo nume schlückt, nickt und alles nocheplapperet wien e Papegei, isch e Hampelma.

Eine, wo kei Mux macht und em Staat no d Seel zum Verwalte git, isch am wöhlschte hinder em ysige Vorhang. By däm chunnts nit druuf a, öb er jetz z Moskau uf em rote Platz umetschumplet oder z Peking i de Naselöche umegrüblet.

Potz heitere Fahne! Aber e Bürger, wo dänkt, dä juckt öppen emol uuf, wenn Paragrapheryter zschiesse chöme. Ornig muess sy — zuegäh — vo der Famili bis z oberscht ufen is Bundeshuus. Hingäge wei mer d Freiheit nit uf d Spitze trybe, süscht mache mir si kaput. Üsi Regierigen i de Kantön und im Bund sellen es Oug druuf ha, ass s Redliwärch vo de Gsetze louft, ass d Verfassig respäktiert wird. Aber d Gsetz dürfe nit so uusgleit wärde, ass der Bürger chuum meh trouet z schnuufe. Der Bürger sell s Rächt ha, dört z muxe, wo me ne ungrächt wott chneble und strofe, numen us Vermuetigen use. Settigi Chrämpf wei mer de Nazi us de dryssger Johr nit nochemache.

I wott nit chlychrämere. Aber wenn e Bürger vom ene Privatma by der Polizei verpfiffe wird, er heig es Verbottssignal überfahre, de stellts by mir dört ab, wo däm Intrigant ungschouet gloubt wird. Jo, wenn de sogar Jurischte vo Rang und Name mithälfe, ass dä schynbar ‹Sünder› gstroft wird, ohni e seriösi Undersuechig, de foht dä Bürger afoh zwyflen und längt a Chopf. Uf sy Frog, wird üse

Rächtsstaat vertrampet? — muess en Antwort cho.

Liebi Lüüt, drum rüefen i euch zue: dir chönnet nume frei blybe, wenn dir ou anderne d Freiheit löht. Und s Rächt stoht nume denn uf eurer Syte, wenn dir ou anderne s Rächt löht.

> Duredänkt isch s Redliwärch
> Vo de grosse Gsetze.
> Doch so mängs verbriefets Rächt
> Tuet me hüt verletze.
>
> Näbes Gsetz ghört eifach s Rächt,
> So tüe d Redli loufe.
> Wenn scho s Gsetz, so sett me s Rächt
> Ou nit müesse choufe.» ...

Das wäre numen es paar chärnigi Sätz gsi us der Bundesfryrasproch vom Redakter Jäisli. No mängs het er de vile Lüüten uf d Zungen und is Härz gleit. Alls i ihrer Sproch, nit mit gschruubete, uufbööggete Phrase. Er het scho gwüsst, won er em eifache Volch muess der Puls gryfe.

No lang über die Fyr use hei d Lüüt über das gredt, wo sie ghört hei.

«Dä het wider einisch d Wohret gseit!» ...

«So eim seit men öppe no Schwyzer!» ...

«Heit er ghört, der Staat loht er loh gälte, aber er het der Finger uuf, rächt so!» ...

«Settigi Redner sett me i Nationalrot schikke!»

Nit nume di chlyne Zytigen i der Gäged hei ihre Kommentar gäh. Ou s Tagblatt i der Residänz, quasi s Sprachrohr vo der Regierig, het paar wichtigi Sätz us der Red mit grosse Buechstaben usepickt. Über em ganze Bricht isch gstande

«*Eine ungewöhnliche Bundesfeieransprache*».

Em Redakter Jäisli het s Härz im Lyb inne glachet. «Ghouen und gstoche», triumphiert er übermörnderisch by syner Frou uf die Zytigsbrichten abe. Wie schad, ass hütigstags alls gly wider vergässen isch, wyl eben vil z vil uf d Lüüt zue chunnt. So cha das Vile gar nümme verdouet wärde. Aber em Jäisli sy Red het doch no nöimen anders häretönt, eben is Büro vom Polizeikommando. Wohl bym Donner, dört isch s Tagblatt hin und här gschobe worde. Fryli nit vo ungfähr. E Polizeioffizier isch drum vom Gwunder gstoche ebe ganz privat, im Zivil uf Seewil die Red goh lose... und het em Kommandant drüber abe gwüssehaft grapportiert. — — —

E Wuche spöter schället s Telefon bym Redakter Jäisli scho früeh vor den achten am Morge.

«Do isch Lütnant Wägmüller vo der Kantonspolizei. Herr Jäisli, es isch wägen euem Handel, wo schynts Stoub uufwirblet. Chönntet dir — aber nume wenn dirs chönnet yrichte — morn am zähni ufs Kommando cho? I ha der Uuftrag, mit euch nomol alls uuszbeinle.» — — —

Für e Jäisli gits keis Wärweise. «Nume z gärn chumen i, Herr Lütnant, chönnet mi uf die Zyt erwarte.» — — —

Mörnderisch kei Minute z früeh und kei Minute z spot chlopfet der Jäisli uf em Büro vier bym Polizeikommando a. Energisch tönts vo dinne: «Yne!»

Der Jäisli drückt ebeso energisch uf d Türfalle und trampet is Büro. Dört chunnt em e flotte Heer entgäge und drückt em d Hand: «Wägmüller isch my Name. Herr Jäisli, gället! ‹Pünktlichkeit ist die Höflichkeit der Könige› . Guete Tag einewäg.»

«Guete Tag, Herr Lütnant!» . .

«Mir chlopfe do nit lang Sprüch uf üsem Büro», meint der Polizeioffizier ganz dezidiert. «Gället, Herr Jäisli, euch brünnt öppe mol der Goul dure, wie mer gmerkt hei.»

«Jo, und euch der Amtsschimel», lächlet der Jäisli diplomatisch.

«Also, si mer i däm Fall quitt», lächlet der Lütnant ebeso diplomatisch.

«Lueget, i han es Groggi zeichnet vo däm

Strossestücki mit ‹Einbahnverkehr›. No däm, wien i us eune Erklärige ha chönnen usen übercho, syt dir also vo Wohlige cho und nit vo Mutschegarte.»

«Präzis, Herr Lütnant!»

Der Lütnant wyter: «Lueget do, dä Pfyl han i ynezeichnet. Das wär also der Huusplatz, wo dir wider gchehrt heit, wyl dir es paar Meter z wyt gfahre syt.»

«Das stimmt uf de Tupf, Herr Lütnant!»

«Und do wyter vore, öppe föifhundert Meter, stoht s Signal ‹Einbahnverkehr›. Für mi und em Kommandant isch der Fall jetz klar. Ass euch der Polizischt Günther azeigt, s Bezirksgricht euch stroft, der usserordentlich Staatsanwalt eue Rekurs abwyst, finde mir nit i der Ornig. Dene private Chläger und Denunziante muess me s Handwärk legge. D Polizei darf nit eifach settigs Gwäsch für bari Münze näh. Mir vom Polizeikommando möchten euch rehabilitiere. Im Uuftrag vom Herr Houptme Summer, wo hüt der ganz Tag a der Polizeikommandantekonferänz isch z Bärn, tüe mir üs i aller Form entschuldige. *Ei Rot gib en ech*, mäldet euch bym Bezirksgricht Mutschegarte und verlanget d Akten use.»

Em Jäisli drohlet e Stei ab em Härz. «I däm Fall isch my Zwyfel am Rächtsstaat Schwyz und der Tolggen im Reinheft ume wider uusglösche. I danken ech, Herr Lütnant. By mir isch d Polizei, wie wenn nüt gsi wär, wider putzt und gstrählt.»

«Fröit mi, Herr Jäisli, adie und heit wyter so gueti Bundesfryrasproche wie z Seewil ähne.»

Uf em Heiwäg fahrts em Jäisli dur e Chopf. «I bin e Löl gsi, d Buess vo sächszg Franke z zahle. Z vorylig bin i gsi. Aber i ha eifach kei Räbel meh welle.»

* * *

Uusgänts vo der andere Wuche fahrt er Mutschegarte zue. Der Grichtspresidänt Villiger het scho Wind übercho gha vom Polizeikommando. Vo A bis Z darf der Jäisli d Akte dureluege, ganz elei, im ene Büro näbedra.

«Us ere Muggen en Elefant, e Staatsaffäre!» begährt er uuf. Zwöi- drümol vertätscht s en fryli fascht. Afange d Aazeig vom Landjäger Günther mit Lugine und Übertrybige garniert. Nüt vo der versprochne Rücksicht drinn, der Agchlagt heig si uf em Polizeiposchte gstellt. «Dä Filu!» ... Und drei Syte wyter hinde, heilige Bimbam, wie bym ene Verbrächer, e Strofregischteruuszug vom Eidgenössische Juschtiz- und Polizei-Departemänt, vo der kantonale Polizeidiräktion und e Löimundsbricht vo syner Gmein. Das schmöckt ganz no Polizeistaat.

Der Jäisli mag das ganze Gwäsch nümme

fertig dureläse. «S isch Sünd und schad für d Zyt», brummlet er für nen ahne.

«My Bedarf isch deckt!» git er em fründlige Grichtspresidänt z verstoh.

«Herr Jäisli, dir hättet die Buess nit so tifig selle zahle. Es isch drum derwyle no öppis anders uuscho. Heit ech! Mäldet si nit do vor paar Tage by mir eine vo dene Strossenarbeiter. Der Boufüehrer Stänz vo der Firma Chappeler heig ne wäg eme Bagatällfall zum Tüüfel gjagt. Und jetz well er bym Gricht cho uuspacke. Exakt eue Fall. Jo, eue Fall isch ufs Tapet cho. Er heig es schlächts Gwüsse, het er afoh staggle, wäge däm frömden Outofahrer, wo ungrächt verpfiffe worde syg. Mit anderne Arbeitskollege syg er vom Boufüehrer Stänz agstiftet worde, mir nüt dir nüt z bhoupte, dä frömd Fötzel heig me gseh vo Mutschegarte här cho. Also heig er doch s Einbahnsignal überfahre. Aber alls das syg Stunk und erloge gsi. Keine heig en Outofahrer gseh vo dört här cho.» — — —

Der Jäisli schnuufet schier nümme by dere kurlige Gschicht. «He nu, Herr Presidänt für mi isch der Rächtsstaat Schwyz wider im Sänkel.»

«Aber jetz no s ungrächte Buessegäld?» frogt der Dokter Villiger ärnscht. «Der Staat wott nüt, wo ihm nit gehört.» — — —

«Herr Presidänt, für mi isch alls erlediget.

Die sächzg Franke sellen em Peschtalozzidorf Troge z guet cho. Und mit de Lugner, wo mi ynegritte hei, wird euers Gricht ou fertig wärde. Das sell nümme my Chummer sy.» . . .

Öppis het der Redakter Jäisli glych glehrt by dere ganze Staatsaffäre. Ebe sy Goul besser im Zoun bhalte, nit grad füürtüüfle. Besser luege by Boustelle verby und wie gseit der Artikel 16/Absatz 2 vo der Strosseverchehrsornig nie us den Ouge loh.

E Ryterromanze

Me chönnt eigetli ou von ere Köpenikiade rede. Item, sygs wies well. Der Vatter Spiess het syt vile Johre s Glück probiert mit em Fuetermittelhandel. Mit eim Bei chürzer weder s ander, het men e im Militärdienscht nit chönne bruuche. Er isch i Hilfsdienscht yteilt worden und das isch e grossi Demüetigung gsi für ihn. Derfür isch do sy einzig Bueb, der Richard, militärisch ganz gross ygstige. By de Draguner het er chönnen arriviere. Der Vatter isch gäng hinderem gsi.

«Was mir nit groten isch, sell jetz dir grote. I bin e Chrüppel myner Läbtig. Offizier muesch wärden und wenn i grad verräble derby. I bin e Patriot, aber numen e halbe. Du chasch und muesch e ganze wärde. Dene Heere z Bärn obe zeige, dass d Famili Spiess ou öpper isch.» ...

Em Richard het der Atrib vom Vatter nume guet to. He jo, scho i der Regruteschuel isch em näbem Sold yne es schöns Sackgäld vo deheime sicher gsi. Ass er syni Kamerade a den Öben albe z Aarau het chönnen ylade und e chly der Krösus spile. Wo der Richard nom grossen Urloub vor en Oberscht het müesse und em dä z verstoh gäh het, er heig s Züüg zumene Underoffizier, het em Fuetermittelhändler Spiess der Weizen afoh blüejie.

«Es goht obsig! I chume rächt über. My Jung lüpft mi ou no grad i d Höchi!»

Jo, er het nit Rueh gha, bis er die schöni Botschaft i allne Wirtshüüser im Dorf het chönne breitschloh. Hindenume hei paar Gäscht pfupft. Dä Jung müess doch Oberscht wärde. Ne-nei, e Dreistärngeneral!

«Am Alten a het dä jetz scho alls im Sack. Mir wei de luege. Dä sell zerscht afange sy Regruteschuel fertigmache. Aber ebe, der Alt wird wohl bis uf Bärn ue goh schmieren und höbele für sy Minderwärtigskeitskompläx goh abzreagiere.» . . .

Numen ebe, s isch alls ohni schmiere gange. Vowäge der Oberscht Sutter, em Richard sy Schuelkommandant het gnau gwüsst, wos bym Regrut durehottet. E gsunde Sträber! E Soldat bis uf d Chnoche. Fryli isch der Vatter Spiess ou einisch uufgchrüzt. «Herr Oberscht, es fröit mi, dass dir us üsem Jungen öppis chönnet mache. I mit mym churze Bei bi numen e Schmalspureidgenoss. My Suhn sell jetz das wärde, won i nit ha chönne.» . . .

«Herr Spiess», tröschtet ne der Oberscht, «derfür heit er guets Holz uf d Bei gstellt. Das isch ou e Leischtig. Euem Draguner stöh alli Wäg offe. I hoffe fescht, dass dir no einisch a eue Jung dürfet ufeluege.»

Settigi Komplimänt het der Vatter Spiess wie Hung gschläcket. Und am Oben isch er wider greiset vo einer Wirtschaft i die anderi, für dene Nyder und Spötter der nöischt Stand vo der militärische Karriere vom Richard goh z verchünde. Derby isch e schöne Räschte Wy glötet worde. Nume no i de Fläsche, nümme pär miggerigi Halbliter.

D Wirtshüüseler hei eismols s Fötzele loh sy und si uf die ander Tour übergange. Do derfür het meh Gratiswy usegluegt und das isch nit nüt gsi.

«Jää, jo, der Richard macht si!» ...

«Muesch dym churze Bei nümme noh truure!» ...

«Er isch aber ou e schneidige Draguner!»

«Das isch doch en Ehr für üsers Dorf!» ...

«Mir hei jo scho lang kei Offizier meh gha.»

«Und wenn er de no im Ryten e Hirsch isch, chan er a d Springkonkurränze goh Erscht mache.» ...

Das isch alls Musig gsi für e Vatter Spiess. Er het si gsunnet i dene Schalmejie, won em do vortrompetet worde si.

Derwylen isch alls gloufe wie em Schnüerli. Der Dragunerregrut het d Stygleitere ganz fescht i d Hand gnoh. Em Vatter sy Stolz! Hätt der Fuetermittelhandel chly meh abtreit, wär alls no andersch, no besser gsi. Der Vatter Spiess het ums Merke i de letschte Zyten eifach Müeh gha, syni Liferante z zahle. Das isch de Wirtshuushöckeler nit dur d Latte. Sie hei öppe mol eine loh ligge. Der Alt loufi meh am Junge noh weder em Gschäft.

Item, wo der Richard no vier Johre scho zum Oberlütnant beförderet worden isch, hets im Dorf es Bombefescht gäh. Und d Zäpfe vo de Wyfläsche hei nume so gchlöpft im Akkord.

Im Hui isch s ganze Dorf Fründ gsi vom Vatter Spiess. Fryli het der Richard nit nume chönne militärle. Sy Bruef, sy Zuekunft si denn ou no do gsi. A der Hochschuel z Sant Galle het er Volkswirtschaft gstudiert. Sy Vatter het drum vor gha, wenn der Jung fertig syg, chönn er by ihm is Gschäft ystyge und denn chönn er z grächtem Furore mache.

Item, das si einschtwyle nume Wunschtröim gsi. Fryli hets bym Richard kei Stillstand gäh. Er, der genial Ryter — immer mit em Säge vom ehemalige Schuelkommandant Oberscht Sutter — het mit der Zyt a de Springkonkurränzen e grosse Namen übercho. Mit sym brave Draguner Dülly het er mänge gfürchtet Konkurränt uusgstoche. Die sin em nydig gsi vom Tüüfel noche und hei allergattig Glägeheite gsuecht, ihn chönne z töfflen und em Falle stelle.

Der Richard isch langsam aber sicher by de Frouen uf de Rytplätze zum Favorit worde. Im Umeluege het der Übername «Der schöne Leopold» zündet. Ou d Froue hei meh und meh der Name Richard Spiess vergässen und ebe vom «schöne Leopold» gredt.

Jetz eis Johr, am Pfingschtspringe z Frouefäld, het der Richard es Bomberesultat ergatteret, ass syni Widersacher grüen und gälb worde si vom Nyd. Sie hei vo Dopping goraklet und all der Gugger afoh fasle. D Zytabnähmer heige bschissen und weiss der Schinter no was. By der Prysverteilig isch by de Nyder Murte no ganz übere gsi.

Die hübschischti Ehredame hets em preicht. D Tochter vo Induschtrieanwalt Dr. Häberli! — — — Wält ghei um! Dä Gfellhagel!

Em Richard Spiess het nit nume der erscht Prys gwunke. Nei, ou s Härz vo der Ehredame Cornelia. E Liebi uf en erscht Blick! ...

Under vier Ouge hei di zwöi e Wuche spöter im Hotel Walhalla z Sant Galle no einisch gfyret. Der Wäg zum Du isch ebe gsi. Und s Füür het ghörig afoh lädere.

D Cornelia, e Rossfanatikere, isch s Güegi acho, der Richard müess ihre Rytstunde gäh. Sie, schon en Amazone zum Aluege, isch fescht dra gsi, scho gly a Springkonkurränzen uufzchrüüze.

«Dänk, my Liebe, du as grosse Favorit bym Heerespringe und i as Favoritin by de Dame, das cha jo guet wärde.»

Fryli het ere no es eigets Ross gmanglet. Ihre Vatter isch dört dure nit so schützerig gsi.

«Miet dyni Ross einschtwyle. S isch de gäng no früeh gnue, wenn z grächtem chasch ryte. I wott der nit vor em Glück stoh.» ...

Item d Rytstunde mit em Richard hei di schönschste Formen agnoh. Jedi Stund es Fescht. Jedi Stund nöcher zunand. Das het jo müesse guet wärde. — Am liebschte wäre sie zämen uf *eim* Ross gritte.

Am nöchschte Pfingschtspringe z Frouefäld — wie hätts ou chönnen andersch sy — het der Richard, üse «schön Leopold», wider obenuusgschwunge. As Ehredame — e uusgmachti Sach — isch nume d Cornelia i Frog cho.

Dasmol si der Vatter Häberli und der Vatter Spiess uf em schönschte Tribüneplatz tronet und hei der flott Ryter loh höchläbe.

By der Siegerfyr si die beide Vätter rätig worde, es heig kei Wärt meh wyter nand as Heer azrede. Byn ere guete Fläsche Riesling us Arenebärg het me nand zueprostet, Fründschaft gschlosse und s Du mit eme vatterländische Handschlag undermuuret.

«Also, es gilt! I heisse Kuno, der Heer isch im Himmel.»

«Und i heissi Ruedi», dopplet der Vatter Spiess noche.

Wies eso isch, wenn der Wy im Glas schuumet, chunnt ou d Zunge meh i Bewegig. Me verspricht vil meh, jo, mängisch meh, as me cha halte. Das het de mängisch e Nase.

Item, der Vatter Häberli meint nom dritte Glas Wysse: «Jetzt chumen i allwäg chuum meh drumume: üsi Cornelia muess es eigets Ross ha. Das isch nöchschti Bewegig.»

Im Härz vom Vatter Spiess jublets. «Jetz isch my Trumpf noche zum Spile! E Stichcharte! I loh mi gar nit loh lumpe.»

Er chlopfet sym nöjie Fründ uf d Achsle. «Kuno, Kuno, ‹Du kennst den Schützen›, heisst s im Täll. Loh di Sach wägem Ross my Chummer sy. Do si der Richard und i denn ou no do. Dänk mol, do muess Vitamin B spile. Es Ross choufen isch e Lotterie. Für dy Cornelia darf nume s beschte guet gnue sy. Drum, überloh dä Handel mir und mym Junge. Es wird kei Chatz im Sack gchouft.» ...

Der Vatter Häberli git si uf ne Wäg z fride und rütscht uf nes anders Trom übere. Ihn inträssiert der Fuetermittelhandel vo sym nöjie Fründ.

«Prima louft mys Gschäft und wenn denn

der Richard as früschbachne Volkswirtschafter ystygt, gründe mir en Aktiegsellschaft.»

Der Induschtrieanwalt frisst em Vatter Spiess liebermänt alls us der Hand. «Wenns sowyt isch mit eren AG, chönnt i de i Verwaltigsrot ystige, wenns dir ömel rächt isch.»

«Kuno, Kuno, sowyt si mehr jetz no nit. Aber gsetzt der Fall, mys Projekt chöm zum Spile, bisch du der erscht, won i is Vertroue zieh.» So het me byn ere wytere Fläschen Arenebärger Riesling d Fründschaft no mängisch loh höchläbe.

* * *

Derwylen isch der Summer is Land zoge mit Tage schöner nützti nüt. D Fründschaft zwüsche de beide Vätter hätt nit besseri Gattig chönne mache. Alls isch jo i Fluss cho. D Plän für d Fuetermittel-AG si do gläge. Me het an e feschti Gründig übers Johr dänkt.

No töifer as d Fründschaft mit de beide Vätter, hets by de beide junge Lüütlinen afoh spile. D Verlobig! D Cornelia het nümme länger welle warte. Sie isch der Sach jo soo sicher gsi. Am erschte Samschtig im Ougschte, so bym Sunnenundergang isch d Verlobig im Garte vom Vatter Häberli über d Bühni gange. Sächzg guet gluuneti Gäscht bynander. Es chalts Büffet em beschte Grandhotel z Trotz!

Die beschte Tropfen us em Chäller vos Häberlis. I der Chüehli der Champagner! Es Verlobigspaar im schönschten Alter! Beidi im ene nöjie Rytchleid! Ou es Tönü! Es bruuche nit immer Smoking und längi Röck z sy.

Der Cornelia wartet jo ne grossi Überraschig: S Verlobigsgschänk vom zueküenftige Schwigervatter! Der Vatter Spiess zeigt, ass er s Züüg zum ene grosse Zeremoniemeischter i sech het.

Jetz, wo me gnue gässe gha het und der Wy e Bombestimmig härezouberet het, isch s losgange mit der grossen Attraktion. D Ringe hei bis jetz no nit dürfen agsteckt wärde. S Signal do derzue isch bym Vatter Spiess gläge. Grad, wo der Moon zwüsche de Böimen im Garte sys Liecht vergüüdet het, si vier Claironbläser z ryte cho. I der Mitti e schlanke, grauschwarzen Irländer, gsattlet. Es Prachtsross!... Guet dressiert wie der Chrischtine Stückelbärger ihre Granat.

Jetz schloht em Vatter Spiess sy grossi Stund. Er gspürt nümme, dass er es chürzers Bei het. Wien e Junge schiesst er usem Hindergrund uuf und stoht vors Ross ane, nimmts satteli am Zügel, louft mit em drüü-viermol zringsetum und jetz rüeft er mit syner sonore Stimm «Liebs Bruutpaar, Cornelia und Richard, chömet zu mir. S Ross, der Inbegriff vo der Tröji und Ahänglichkeit sell euch Leitbild blybe, so lang dir läbet. Dir, Cornelia, schänken i das Ross. Schwing di druuf, mach e chlyne Rundritt!» ...

En überglückligi Bruut himmlet zerscht das grosse Gschänk a und jetz en elegante Satz druufufe. Die vile guetgluunete Verlobigsgäscht stöh um das Wältwunder ume und bringe vor Stuune ihri Müüler nümme zue. Eis Grüehm!

«Jää, ebe, dä Vatter Spiess!» ...

«Lueget, wärs hett und vermah!» ...

«E zuekünftige Schwigervatter wien er im Märlibuech stoht.» ...

No deren erschten Attraktion chunnt die zwöiti a d Rejie. D Cornelia no uf em Ross, es Gsicht wien e Märlifee, gseht, wie der Richard dur e Garten y zryte chunnt. Zwo drei Rundine zäme! Die ganz Verlobigsgsellschaft isch i eim Ruusch ... Cha der Karneval vo Rio no läbiger sy?

Ufsmol stöh die beide Ross i der Mitti vom Garte. Und uf dene Ross obe stecke d Cornelia und der Richard nander d Verlobigsringen a. E fyrligen Akt! Der Zeremoniemeischter Vatter Spiess loht si nit loh lumpe. Er nimmt e Fläsche Champagner und loht der Zapfen i d Höchi loh chlöpfe. «Die erschte Gläser em Verlobigspaar!» rüeft er uus. — — —

Bis gägem Morgen yne het das grosse

Fäscht duuret. Ei Harmonie! Kei Sand im Tribwärch, wie me seit! So wäre d Weiche zum ene Troumhochzyt scho gstellt gsi.

Wo die vile Gäscht lysli und wysälig uf e Heiwäg gange si, isch ei Tenor by allnen obena gsi: «Uf das, wo jetz no chunnt, cha me si hüt scho fröjie.» ...

I de nöchschte Tage si eim d Cornelia und der Richard wien es Troumpaar vorcho, schier wie der Prinz Charles und d Diana vo Ängland. — — —

* * *

No jedem Fäscht und wenns no so gruuschet het i der Begeischterig, sädlet si es Viehchli i der Nöchi und das isch der Kater. Dä tuusigs Kärli isch ou de Familie vo der Bruut und em Brütigam uufsetzig worde ...

Zerscht ganz süüferli und druuf z grächtem, jo grad chäch. Tröim und Begeischterige si do, ass me wider cha oder muess nüechter wärde. Mit em gschänkte Ross isch s ebe so ne Sach gsi. Der Vatter Spiess het mit em Rosshändler Camille Lob abgmacht, er nähm dä schön Irländer afange zur Prob, mit eme Tuusiger as Azahlig. Mit em Chouf well me no öppe drei Wuche warte. Das het eben alls andersch uusgseh. Vowäge der Lob isch langsam ungeduldig worde. Es isch ume ne Gspass vo zwänzgtuusig Franke gange. Do dervo het ebe d Bruut kei blassi Ahnig gha, verschwigen ihre Vatter und der Brütigam sälber.

Wenn e Stei muess is Rolle cho, so chunnt er z grächtem und nimmt ebe non e Fätzen anders mit.

Em Vatter Spiess hei die zwänzgtuusig Franke füre Rosschouf ebe gfählt. Er het jo süscht scho gnue z chnorze gha mit syne Liferante. Und s Studium vom Richard het em ou e schöne Schübel Gäld ewäggnoh...

Sygs wies well, der Herbscht isch für d Famili Spiess e schwarzi Zyt worde. Em Jungen isch a der Hochschuel z Sant Gallen e Semeschterprüefig abverheit. Repetiere het s gheissen oder resigniere. Der Richard het ebe meh grösselet und gkarisiert weder glehrt und gstudiert. Derzue isch em Camille Lob das ganzen Usestüdele mit der Probezyt vo som ene tüüre Ross z Chrutzen und z Fätze verleidet. Entwäder äntlige s Gäld oder s Tier zrugg! Em Vatter Spiess isch der ganz Handel schwär uufgläge. Sys Prestige!... Syni Minderwärtigkeitskompläxe, alls het an em grupft.

D Plamaasch vor syner zuekünftige Schwigertochter, vor em Induschtrieanwalt, sym nöjie Fründ Kuno Häberli. E schwäri Lascht! Em Suhn Richard um alls i der Wält nüt säge! Chly vil uf einisch zum verdecke.

I syner Not probiert er uf der Kantonalbank die zwänzgtuusig Franken uufznäh. Aber ohä lätz: d Bankkommission het em düütlig abgwunke, wyl er im glyche Johr zwo Betrybige gha heig. Vernaglet nomol! Em Vatter Spiess isch nümme wohl gsi i syner Huut inne. So vil müesse verdecke, muess eim der Gibel chriese.

No ne letschti Mahnig vom Rosshändler! Aber kei Gäld do. Tuusig Uusrede für eini! Uf Konstanz goh spile mit eme chlynen Ysatz. Vilicht gwünne für e grösseri Azahlig? E waggeligi Illusion. Chutzemischt!

Der Vatter Spiess isch i de nöchschte Tagen umenand gschosse wien es sturms Wäschpi; nei wien e Flöigen im Spinnelenetz, so isch er eim vorcho. Der Camille Lob isch e lybhaftigi Spinnele worde. Sy Chöifer cha si nümme verrode.

D Wuche druuf chunnt der Induschtrieanwalt Häberli es gspässigs Telefon über. Es trifft ne wie der Blitz us em heitere Himmel. A der andere Syte vom Droht der Lob i einer Uufregig.

«Euers Fröilein Tochter het jetz meh als zwe Monet es Rytross uf d Prob dur Vermittlig vom Fueterimittelhändler Spiess gha.

«Uf d Prob!... uf d Prob!» begährt der Häberli uuf. «Das Ross isch s Verlobigsgschänk vom zuekünftige Schwigervatter vo myner Tochter.»

«So soo, es Verlobigsgschänk», lachet der Lob bitter.

«Jää, jäää, gseht das eso so uus, e schöni Schweizi das», stagglet der Dokter Häberli. «E Blamaasch für üs! I gseh jetz hingägen i mängem klar.»

Druuf der Lob: «So leid ass mer tuet, aber i muess das Ross i zwene Tage zrugg ha. Eine vo myne Wärter chunnts cho reiche. Adie Herr Doktor!» — — —

«Wie das der Cornelia bybringe? Die hindersinnet si jo», jommeret der Vatter Häberli. «Dä Spiess isch e schöne Vogel! Donner und Doria! Und so eine sell Schwigervatter vo mym Meitli wärde? Stärnemillione!»

Jetz goht är i Agriff übere. Bym Informationsbüro Discretia frogt er über ne gwüssne ‹Rudolf Spiess, Futtermittelhändler› noche. D Uuskunft chönnt nit strüüber sy: «Hängige Betreibungen! Schlechter Zahler! Nimmt es mit der Wahrheit nicht ernst!» — — —

«Do hei mers! E Krösus! E Köpenik! E Grossplagör!» kaländeret der Häberli. «Sy Jung cha jo nüt derfür. Aber i gsehne under settigne Umstände gwüss gar nümmen as my Schwigersuhn. Am Änd plagiert er mit syner Hochschuel z Sant Gallen ou nume.»

* * *

Mit syner Tochter Cornelia redt er am Oben es ärnschts Wort. «Dänk ou, dänk ou, übermorn wird dys Rytross abgholt. E Wärter vom Händler Camille Lob reichts.» . . .

«Waas, mys Verlobigsgschänk?» . . .

«Es schöns Verlobigsgschänk das!» futteret der Vatter. «Dy zuekünftig grossartig Schwigervatter hets einschtwyle nume gmietet und der Chouf wellen usestüüdele, bis em der Betryber uf em Pfannestil ghocket isch. Jetz hei mer s Pflaschter!» . . .

«Vatter, das darf doch nit wohr sy!»

«Leider, leider Cornelia, mir si ere schöne Köpenikiade uf e Lym grote.»

«Mys schöne, liebe Ross muess i wider häregäh. Ha s nöchscht Johr uf Frouefäld welle dermit as Damespringe. Der Richard het mer gseit, i syg ryf für die nöchschti Konkurränz.»

Em Vatter Häberli tuets grüüsli leid um sys Härzblatt, wo luut usebrigget. Er isch e gschyde Ma und wott nit z hert dryfahre. «Nu guet, Cornelia, das Ross chunnt mer hingäge nit us em Stall. I choufe dirs. Aber i zahle de bar. So hesch du äntligen es eigets Ross.»

* * *

Mit em Camille Lob isch guet gsi z verhandle. Scho mörnderisch het der Vatter Häberli der Chouf is Blei brocht.

A der nöchschte Pfingschte het d Cornelia z Frouefäld e schöne zwöite Rang usegsprunge. Uf der Tribünen oben isch kei plagierige Vatter Spiess meh umetronet, derfür e stolze Vatter Häberli.

D Verbindige Häberli — Spiess si gäih abbroche worde. Und d Cornelia darf uf ne andere Brütigam plange.

Die tapferi Regula Kämpf

Chly öppis über der Stadt isch vor paare Johre no der Lyrihof gstande. Vo dört uus het men e prächtigi Uussicht gha i d Bärgen yne. Wenn s en Uufheiterig vom Föhn gäh het, het men am Obe ganz düütlig s Chrüz z mitts i der Jungfrou gseh. Jede Tag aber dä Blick i d Stadt abe! — Wyt niden isch der wyss Rouch vo der Verbrönnigsanstalt je nom Wind und Wätter bolzgrad uufgstigen oder aber über d Huusdächer gschliche wie der Näbel im Herbscht ...

Jetz aber zrugg zum Lyrihof mit der Johrzahl 1863 über em Ygang und mit em Huusspruch

«Arbeit ist des Lebens Balsam,
Arbeit ist der Tugend Quell.»

Die letschte Wort vo däm Huusspruch hei bsunders der Mueter Regula gulte. E guldluuteri Frou im Dänken und aber ou im Handle. Jede Zyschtig und Samschtig isch sie mit em Lieferigswagen uf Aarstetten abe z Märet gfahre. Sie het ihri Stammchundinne gha. Vowägen ihres Gmües, d Eier und im Herbscht d Channebire, die prächtige Fellebärgzwätschge, hei d Stadtfrouen azoge wien e Magnet. Und no öppis: d Mueter Regula

113

isch e halbi Seelsorgere gsi. Sie hets ihrne Chundinne frei agseh, wenn nen öppis über d Läbere gchläderet isch.

«Lueget do, nähmet das Blüemli mit, es sell ech heiter gäh.» . . .

«Jäää, gseiht dir mir öppis a?» . . .

«Nit lang gfrogt, gueti Frou, nähmet jetz das Blüemli und heit e schöne Sunndig morn.»

Öppen es ungrads Mol sie ou der Vatter und der Silvan mitgange. Aber die tuusigs Froue hei vo der Mueter welle bedienet wärde. Beid Manne Kämpf hei hie und do öppe ghelkt: «D Stadtfroue hei der Naar gfrässen a üser Mueter. Nu, es isch weniger wichtig, dass mir zwe, Vatter und Suhn göh goh Muulaffe feil ha uf em Märet.» . . .

* * *

Die nöjie Zyt het derwylen usöd grumoret mit den ältere Hüüser z Aarstette. Alls isch under e Hammer cho, wo chly wurmstichig gsi isch. Die reinschti Bouwuet isch uusbroche, schier wien e häregschleipfti Süüch. E Heidelärme jede Tag! Krane si i d Höchi gstige wie läbigi Unghüür.

Am strübschte hets gäge dä Hoger uusgseh, wos em Lyrihof zuegangen isch. D Wulchechratzer si schier wie d Schwümm zum Boden uusgschosse. Und d Terrassehüüser hei si i

Lyrihofhoger ynegfrässe. Immer nöcher gäge Kämpfs Hof zue. Keis Grücht, vil meh d Angscht isch umegange, der Lyrihof chönnt i Zyt vo paar Johre vo der Bouwuet verdrückt wärde. Das het by de Kämpflüüte ungäbig grumoret.

«Was muess das für nes Läbe gäh? Do sell s Schinten und s Raggere eim no Fröid mache?» ...

Mängisch het der Vatter Kämpf z Nacht keis Oug meh chönne zuemache. De isch er halb im Dösen is Jommeren ynecho.

«Wo sell das mit dere verruckte Bouwuet no härefüehre. Es chönne doch nit alli hunderttuusigi vo Franken oder e halbi Million erbe».

D Mueter het ne probiert zgschweige. «Was wottsch, die grosse Löhn vo hüt.» ...

Der Vatter isch aber wyter uf sym Trom umegrütscht: «Üs rytet men uf de Prysen ume. Mir sette nüt ha für üsi War. Mir Buure si jo die gröschte Tschumplen uf Gottes Ärdboden obe. Nit z verwundere: mänge het sys Hei für guets Gäld verchouft. Millionäre si sie worde, die Knüüsse. Aber si sie denn ou so glücklig mit ihrne Millione? S Gäld het jo kei Wärt meh. I dene Zyte muess me doch nit welle goh Hüüser und Land verchoufe, ass me blutt dostoht. Was meinsch, Mueter, wenns zun ere Deflation chämti? Boden under de Füesse z ha, isch nit mit Gäld z ersetze.» ...

Das si albe längi Nächt worde by däm Gjommer.

Der jung Kämpf Silvan het im Stadtturnverein meh und meh müesse ghöre, er syg en Idiot, so alls em Boden abzverlange. Er söl doch i d Fabrigg cho für guets flüssigs Gäld cho schaffe.

Im Lyrihof muess d Mueter Regula fascht elei s Regimänt füehre, wyl der Vatter und der Suhn langsam aber sicher aföh resigniere. «Wie chönnet dir zwe euch däwäg loh blände. No ruuschet üse hundertjährig Brunne mit em luutere Wasser. No stoht die grossi Linde vor em Huus und i der Hoschtett die gsunden Öpfelböim. Das si Lunge, wo gueti Luft abgäbe, won üs hälfe schnuufe, wenn der Gstank vo der Stadt här chunnt.» ...

A de Samschtigen und Sunndige si vil Uusflügler bym Lyrihof verby gflaniert. De hei s Kämpfs albe mängs verächtligs Wort zum Fänschter y müesse lose.

«Soo ne alti Hütte!» ...

«Das Ghütt passt ou nümmen i d Landschaft yne.» ...

«Do müesse schöni Hinterwäldler drinne wohne.» ...

Flegle vo Buebe hei albe der Bello a der Chetti ghelkt, bis er sie mol verrisse het und uf so ne Necker losgschossen isch. Der Vatter Kämpf het drüberabe s Vergnüege gha, verrissni Hose dürfe z zahle. Das isch em hingägen as Läbige gange.

«Buurefindlichkeit, das weiss me jo. Im letschte Chrieg het men üs däwäg ghöflet für Eier schwarz überzcho und Buurebrot ghöische. Das si keini guete Zyte meh für üs hütigstags.»

Jetz einisch am ene Sunndig gägen Obe mäldet si der Möbelhändler Schang Rieder, der Schwigersuhn us der Stadt uf em Lyrihof. Vatter und Mueter hein em zwar nie so rächt über e Wäg trouet. Aber glych reicht der Kämpf e gueti Fläsche Schwyzer Landwy us em Chäller. Dä kurlig Gascht nimmt s Glas Rote umständlig und chly närvös i d Hand. Me gwahret, ass er öppis im Gürbi füehrt. Er schongliert mit allergattig Gedanken und isch zerscht nit eso gsprächig. Massiert chly wichtig d Nase und dräjit sy Schnouz. Wohl, jetz het er allwäg s Trom doch gfunde, für d Chatz us em Sack z loh. Süüferli, wie eine, wos güebt het, foht er a doziere.

«Joo, mir hei anderi Zyte. S Gäld het kei Wärt meh. Mir Undernähmer müesse hüt dopplet schaffe und am Änd luegt nüt use derby. Ass euch s Buure nit scho lang verleidet isch!»

Do fahrt em aber der Vatter übers Muul: «Wäg em Schaffen isch no keine verlumpet. Üs isch s Buure ömel no nit verleidet, wenn d Pryse no so drückt wärde.»

Und d Mueter dopplet noche: «Schliesslig si mir no Sälbschtversorger. Es bruuche nit Hüüfe Chlüder us em Chaschte z springe. Me muess ou einisch z fride sy.»

«Z fride sy, ... z fride sy», hacket der Schang Rieder y. «Und wenn der Hof meh und meh a Wärt verlürt, wyl alls afoht lottere dra und nüt gmacht wird? Me cha eben ou raggere.» ...

Jetz fahrt der Silvan derzwüsche. «Was wottsch du üs alls cho vernütige? Mir bruuche keini Belehrigen uf em Lyrihof.» S Kämpfs wüssen aber immer no nit rächt, wo der Schang use wott.

Der Vatter foht ne a fecke: «Und de, Herr Schwigersuhn, wo drückt di eigetli der Schueh.»

«Der Schueh drückt mi nit. Aber i sett inveschtiere. Der Möbelhandel steckt im ene Überläbenskampf. D Konkurränz, die verdammti Konkurränz.»

«Bisch öppen ou bousturm?» hänkt der Vatter y. «Du as tüchtigen Undernähmer chunnsch üs a däm schöne Sunndig cho chlöhne.»

Der Schang wird dütliger. «Es isch nit das,

es isch nit das! Aber grad du, Vatter, chönntisch vo der Bouwuet ou profitiere. Es isch höchschti Zyt, dys Heimet zu guetem Gäld z mache. I ha nume nit grad mit der Türe wellen i d Stube pletsche. Vatter, los guet, i hätt dir e solvänte Chöifer. Aber es pressiert uf ne Wäg. Du muesch ders überlege. Chasch dy Tochter, s Käthi, my Frou, ou nit z churz ha.»

Der Vatter gwunderet: «Isch öppe dä Chöifer einen us em grosse Kanton vo ähnen am Rhyn, wo sy Chlüder i der Schwyz wott i Schärme tue? Es gseht ganz dernoh uus.»

Jetz loht der Möbelhändler d Chatz z grächtem us em Sack. «Nei, es isch kei Schwob, kei Franzos, s isch mi sälber, dy Schwigersuhn, wo dir das grosse Bott macht. I säge no einisch: i paar Monete gheie d Landpryse wie der Barometer.»

Jetz fahrt der Silvan derzwüsche. «E fertige Chabis tischisch du üs do uuf. S Gunteräri vom Gägeteil isch Trumpf, my liebe Fründ und Chupferstächer. Überhoupt, wie wär s Bott, wenn me froge darf?»

«400 000 Mille!»

«Soo, soo, du redsch vo Mille, guete Schang. Üserein redt gäng no vo Franke, düütsch und düütlig», hacket der Vatter y. I ha verwichen andersch ghört lüüte. Der Prys vo de Ligeschafte stygi i de letschte Zyte ganz ghörig. Das han i vom ene seriöse Immobiliehändler vernoh. Und überhoupt goht ussen a der Stadt keis Burewäsen under ere halbe Million wäg. Sövel wärt isch der Lyrihof denn ou no.»

Der Vatter und der Silvan chratze hinder den Ohre. Jede luegt der ander mit grossen Ougen a. Jetz nimmt d Mueter Regula, wo bis jetz ume gschwigen und glost het, ihre Schwigersuhn is Gebätt.

«Säg, was hesch du für Plän mit üsem Heimet? Wohär hesch du dä Huufe Chlüder? Gäll, du hesch der gröscht Teil vo dyne Möbel uf Kredit gliferet. Das bchönnt me jo. D Spatze pfyfes vo de Dächer, ass hütigstags alls uf e Chnebel gnoh wird. D Zahligsmoral vo dene, wo d Sach uf e Chnebel nähme, isch uf em Nuller unde.» ...

Der Schang spilt die beleidigti Läberwurst. «So tuet me mir misstroue. Frog doch die grosse Fabrikante, wie solvänt as i syg.»

D Schwigermueter schynt ne am Puntenöri packt zha. Wien e toube Güggel schiesst er uuf.

«Nu, so schlofet über mys Bott bis a euers seligen Änd. Aber chömet mer de nit cho chlagen und jommere, euers Wäse syg es Verluschtgschäft. Für ne halbi Million bin ech gwüss no guet gnue. Guet Nacht zäme!» ...

Der Vatter goht no mit em use. «Muesch jetz nit so pukt tue. Mit mir het me gäng no chönne rede. Mir wein is alls no guet überlege.»

«Aber nit bis an e Tubak!» höischt der Möbelhändler use.

Im Lyrihof isch sälb Obe s Liecht no lang nit glösche worde. Alli drüü si under der Tischlampe gsässe. Die beide Manne hei öppis gmützeret und d Mueter het non es Kapitel us der Bible gläse. Nüt as e sturmi Flöige surret i die Stilli yne.

Mit eme ärnschte Gsicht luegt d Mueter uuf. «Was meinet dir zwe zu däm ganze Handel? Do stinkt doch öppis! Vatter, es isch chuum es Johr, syt di der Schang um zähtuusig Franken agangen isch.»

«Er het mers ömel prompt umezahlt und erscht no acht Prozänt Zeis grächnet.»

«Aber jetz s grosse Bott», hänkt d Mueter y, «die halbi Million. Das isch füfzgmol zähtuusig Franke.»

«D Mueter foht afoh spinne», düütet der Silvan em Vatter zue.

Aber die loht si nit loh fecke. «Syt dir ou scho agfrässe vo dene föifhundert Tuusigernote, wo dir liebermänt no niene heit? ... I spinne bym tuusige Wätter no nit.» Sie luegt beid mit glüetigen Ougen a. «Dir lehret mi de scho no bchönne ... Und wenn denn der Hof nümmen üs ghört, under e Hammer chunnt, dir Zeislipicker. Chönnet denn Schlufifabriggler wärde und stumpfsinnig an es

Fliessband stoh oder mynetwägen i d Stadt abe goh d Strosse wüsche.»

Jetz begährt der Silvan uuf. «Mir wetten ou nit ewig schwitzen und schufte, jede für zwe und das zämegraggerete Bitzeli Gäld hüete wien es Huehn, wo guldigi Eier leit.»

Mörnderisch si die zwe Manne muggig. Sie troume mit Schyn allwäg scho vom Zeisheereläbe. Dur e Tag mäldet si s Käthi am Telefon. Mit der Mueter wotts rede. Ei Chlag wäg dere missträijsche Behandlig vom Schang geschter z Obe. Derby heig er as Stadtrot gueti Verbindige zu grosse Politiker und Finanzmanne. Dört wärd er öppen eschtimiert.

Äs well am nöchschte Sunndig eleini no mit der ganze Familie cho rede. Es wärd do keis uluuters Spili tribe.

Richtig, e Wuche spöter toucht s Käthi uuf im Lyrihof. Es isch e nasse, nüechtelige Sunndig. Es herbschtelet zäntume. S Loub a der grosse Linde vor em Huus tuet si färbe. I der Stube luegt me nander ärnscht a. Und s Käthi rüeft uus, der Schang syg denn en Ehrema. Sie sygen alli zäme blind. «Dir chönnet euch denn einisch yigle und e Bärlinermuur ume e Lyrihof ume boue. Inzucht trybe, wenn linggs und rächts bouet wird. Es blybt derby, der Hof het jetz der gröscht Wärt. I paar Monet chas wider ganz andersch sy.»

Sie strychlet dene beide Manne der Bart und wott ne der Prys vo 400 000 Franke schmackhaft mache. Jetz gryft aber d Mueter ganz dezidiert y. «Wottsch du mi, der Vatter und der Silvan mit Tüüfels Gwalt heimatlos mache?»

S Käthi proteschtiert ganz energisch, me sell ihm nit öppis underschiebe, wo nit chönne stimme. Der Schang syg de kei Windhund und Spekulant. As Stadtrot syg er a der zwöithöchschte Stell gwählt...

So isch men uneinig usenand sälb Obe. Fryli het das ganze Züüg der Mueter Regula kei Rueh gloh. Sie goht mörnderisch schnuerstraks uf d Ligeschaftsverwaltig goh förschle.

Dört schänkt men ihre klare Wy y. Sie selle bym ene Verchouf jo nit under 600 000 Franke goh. Aber jetz setti me doch kei Grund und Bode verchoufe. D Banke schwümmen im Gäld und d Zeise sygen uf eme Minimum unde. Für Feschtgäld gäbe sie schynts no vier Prozänt Zeis.

Fryli hei si s Käthi und der Schang einschtwyle nümmen uf em Lyrihof zeigt. Sie hei nüt welle überstürze und d Zyt für ihre Schick loh ryfe.

* * *

Ändi Wymonet isch i der Stadt der chalt Märet, wie me seit. D Mueter füehrt mit em Vatter s schönschte Gmües uuf. Fryli isch är nit eso vo Blybis am Stand. Er pfäit si is Bürgerhuus, zu sym Gaffee fertig. Dört hocket am ene runde Tisch gwüss der Schang mit ere brandschwarze Brasilianerzigarren im Muul by anderne noble Heere. Am Reden a müesses ou Fraktionskollege vom Stadtrot sy.

«Chumm zu üs, Vatter, hesch ou no Platz do!» düütet em der Schang. Im Schwick stoht e früschi Fläsche Burgunder uf em Tisch. Der Schwigersuhn zahlt mit ere Hunderternote. Der Vatter gwahret non es ganzes Bündeli settigi Noten is Schangs Brieftäsche. Das macht em uf ne Wäg Ydruck. Erscht rächt gwahret er jetz, i was für flotter und vornähmer Gsellschaft der Schang verchehrt. Es chunnt no besser: dä chüschelet em Vatter zue. «Wie heiters mit em Zmittag. Es git Rindspfäffer und Nudle, guet für chalti Herbschttage.» . . .

Ehnder weder nit cha der Vatter d Mueter bym Märetstand überrede, doch is Bürgerhuus zum Zmittag z cho. Es göh alls uf Rächnig vom Schang. Dä syg gwüss kei Utane. «Nume weisch, Vatter, er isch e Händler. Und Händler si mit allne Wasser gwäsche.» . . .

Derwyle, dass die zwöi hungerig im Bürgerhuus «tafle», hüetet der Silvan, wo ebe grad i d Stadt cho isch, der Stand.

Aber d Chundinne luegen e alli schreeg a. «Isch d Mueter chrank?»

«Nei, sie isch nume grad am Ässe. In ere Stund isch sie öppe bym Stand.»

«He, de chöme mer am Nomittag nomol verby.» ...

Der Silvan gwahret, wie me sy Mueter eschtimiert. Das macht ne uf ne Wäg stolz.

* * *

Im Novämber wird i der Stadt über s Budget abgstimmt. Der Vatter goht am Sunndigvormittag goh stimme. D Mueter het das Gschäft scho am Samschtig nom Märet erlediget. Ebe chunnt der Vatter us em Stimmlokal, won e der Schang ganz unverhofft am Arm nimmt. «Soo pressant? ... Chumm doch no mit mir zum ene Aperitif im ‹Wilde Ma›.»

Me nimmt e wysse Waadtländer. Nach em zwöite Glas wärde beid Manne gsprächig. Der Schang hänkt y: «Wie wyt syt der deheime mit mym Bott. Dänk a dä schön Zeis vo acht Prozänt. Du und d Mueter chöme das Johr is AHV-Alter. Der Silvan chönnt bym landwirtschaftliche Gnosseschaftsverband schaffe. De heiter äntligen ou eue sorgefrei Sunndig und müesset nit gäng a die hungerige Brüeliviehcher im Stall dänke.» ...

Syt däm Sunndig het der Vatter der Naar gfrässe gha am Schang. «Er isch en Ehrema, Mueter. Jetz bietet er sogar 600 000 Franke.

Dänk mol 48 000 Franke Zeis im Johr! Soo vil bars Gäld!»...

Jo, jo, der Möbelhändler het das Trio uf em Lyrihof gly no dört gha, won er het welle. Der Silvan isch eismols begeischteret. D Muetter hingäge het gäng no chly zrugg.

«He nu, bschysse wird er üs nit, löh mer em Handel der Louf», hänkt der Vatter y. Heimlig trifft er mit em Schang zäme bym Notar Ysenegger. Es guets Glas Wy hilft dä Verchouf yfädle. Amenen Obe gäge Ändi Novämber überrumplet der alt Kämpf d Mueter.

«Chasch de morn mit em Silvan bym Notar goh underschrybe. I bi einig worde mit em Schang.»... S letschte Loub wirblet no ab der grosse Linde vor em Lyrihof.

D Mueter luegt gäge der Stadt abe, wo i de grosse Wulchechratzer langsam d Liechter agöh.

«Vatter, Ehrewort, hesch jo gseit?»...

«Dänk wohl öppe. I mache jetz nümm Stäckli uuf und Stäckli ab», und loht s Liedli loh drohle. «Stägeli uuf, Stägeli ab, juheee.»

«Tschumple si mer, fertigi Tschumple si mer bis jetz gsi. Mueter, 48 000 Franke Zeis, bars Gäld!»

* * *

Uusgänts Mejie het d Famili Kämpf es Buurestöckli chönne miete gägem Brunnerain zue. D Zeise vom Schang si agloufe. Am

Afang het er sogar jede Monet zahlt. Wohl, das het ou der skeptische Mueter uf ne Wäg Ydruck gmacht. Architekte si ume läär Lyrihof umegstande. Der Vatter het im Stille gäng no ghoffet, er chönni der Weizenacher hinder em Huus no ärne, wenn ou drininne scho für nöji Hüüser profilet gsi isch. Wyt gfählt! Zwo Wuche vor der Ärn isch der Trax wie wild i die halbryfen Ähri gfahre. I Zyt vo zwe Tage het me nüt meh gseh weder grossi Härdhüüfe und dört derzue uus hei Weizenähri gluegt. — — —

Am Sunndig am Morgen isch e junge Vatter mit sym sächsjährige Bueb by däm zämegchrutteten Acher verby gspaziert. Der Chly wird uf einisch todärnscht, blybt by eim vo dene Härdhüüfe stoh und luegt ganz entgeischteret dry. «Vatter, darf me das, die Ähri däwäg gschände?»

Es Chind, wo achlagt! E Zytigschryber muess i der Nöchi gsi sy und das ghört ha. E Wuche spöter chunnt i paar Bletter en Artikel mit der Überschrift «Vater, darf man das?» Dä Zytigsartikel het vil Stoub uufgwirblet. Protäschtbriefe hets gäh, s het nume so ghaglet. Aber der Trax isch nom Weizefäld ou i Lyrihof gfahre.

D Mueter het beid Händ vor d Ouge gha, wo sie vor däm armsälige Steihuufe gstanden isch. Der Vatter und der Silvan hingäge, hei s zämegschlagne Heimet nümme gseh, nume no s Gäld.

* * *

Der Jung het wie gseit by der landwirtschaftliche Gnosseschaftsverwaltig sy Stell chönnen aträtte. Derby isch er aber gsi wien e entwurzlete Boum. D Freiheit i der Stadt isch doch nit alls gsi. Gly isch s an es Mämele gange. Der Vatter desglyche. Wie mängisch hei die zwe nander i der glyche Wirtschaft beduslet atroffe.

D Mueter hingägen isch derwyle mit eme Gmüesgärtner einig worde. He jo, der Märet, ihre Märet het sie niemols chönne dehinde loh.... Im Stöckli hets zytewys albe ghorniglet, wenn beid zäme, der Vatter und der Jung, benäblet heicho si.

D Mueter het lang schwige... bis sie am ene Obe explodiert isch. «Soo, dir zwe Zeisheere, brönnt ech s Gäld däwäg im Sack, ass der alls is Wirtshuus träget, em Gsüff, däm Tüüfelswasser, nochereiset? Syt dir zwe eigetli Privatier? Syt dir vom Wohlstand bländet? Pugeret mer nümmen über d Spekulante, wo s Gäld verdienen, ohni z schaffe. Was machet dir anders?» Die Gardinepredig het fryli nit hert battet. Gly drüberabe het d Stadtpolizei der Vatter stockbsoffe heibrocht.

Der Silvan, keis Hoor besser, het bym Diräkter vom Gnosseschaftsverband müessen aträtte. «Sünd und schad isch s um euers Talänt, junge Herr Kämpf»....

D Mueter het wyter e Lammsgeduld gha mit dene zwe Knüüsse, wo, wenn sie nüechter gsi si, hei chönne tue wie harmlosi Lamm. — —

E Wändig

Zwöi Johr si derwylen ume gsi. D Mueter het der heimlig Schmärz um e verchouft Hof süüferli verchraftet gha. S unguete Gfüehl wäg em Gäld isch eren aber blibe. Ebe s Trouma!... Me weiss es jo. Und wäm einisch so eis uufgladen isch, bringts mängisch syner Läbtig nümme los. Bis vor zwe Monet het der Schang zueverlässig zeiset, gäng chly vor em Letschte vom Monet. Sälber isch er albe derhär z chyche cho mit em Gäld, es Lüüchten uf em Gsicht, fascht öppis wien e Triumph, bsunders gäge d Schwigermueter, won em eifach s ganze Vertroue nie het chönne schänke. Er het s müesse gspüre.... «So, hesch es wider möge gschaffe?»... Der Vatter het ere denn alben e stächige Blick gäh.

«Schätzisch es nit, ass der Schang so pünktlig zeiset?»

«He wohl, wie setti nit!» Aber s isch eim jedesmol gsi, sie wetti no öppis usehöische. Aber das, wo sie gärn gseit hätt, isch eren uf de Lippe blybe chläbe. — — —

Wie gseit, bis zu de letschte zwe Monet isch pünktlig zeiset worde, . . . aber nochhär, uf spöter usegstüdelet bis über en Erscht use. E Monet ussegloh!

«Jä nu», meint der Vatter, «s nöchscht Mol chunnt de der Schang mit 8000 Franke derhär. Was me z guet het, het me z guet. S isch jo alls i der eigne Famili.» . . .

Mol, won er ou wider so naiv für nen anegrächnet het, nimmt ne d Mueter am Arm. «Jakob, Jakob, lis wieder einisch s Märli vom Has und vom Fuchs. Was het der Has zum Fuchs gseit, won em der Schwanz im Wejier ygfrore gsi isch? 'Warte nur bis im Frühjahr, warte nur, bis es auftaut'. Bisch du eigetli blind, he?»

«Äch, Mueter, mit dym bständige Misstroue. Du muesch nit vom ene Märli welle ploudere. I ha nit nötig, a settigem Züüg, wo vo Huut und Hoor nit wohr isch, nochezgrüble.»

«Vatter, dänk dra, i jedem Märli steckt es Quäntli Wohret. I gloube, dass i ehnder di vo de Wulchen oben abe muess zieh.» — — —

No dene zwe Monet isch me scho i zäht vom nöchschten ynegrütscht gsi. Gäng no kei

Schang, wo chunnt cho zeise. Der Vater Kämpf goumet scho die längschti Zyt e Gutteren alte Burgunder zum Chambrieren i der Stube.

Statt der Schwigersuhn chunnt ei Obe halt sy Frou, s Käthi mit verbrieggeten Ouge derhärzjommere. Der Schang chönn die drei letschte Zeise nit zahle. Er syg by der ganzen Überbouig vom ene Spekulant wüescht hindergange worde. Nume d Hälfti vo de Wohnige syge bsetzt. Schlächti Zahler, s Kreditgschäft vom Schang syg s gröschte Verluschtgschäft. E miserabli Moral! Outo heige sie, die Lüüt. Aber ebe, die welle d Möbel uf Abzahlig. Es läng dä Monet grad no, den Agstellte der Lohn z zahle.»

Es Wyli hocken alli vieri um e Stubetisch im eifache Buurestöckli. Alls isch totestill! S Käthi schnupft zwüschenyne und würgt vüre: «Euch i däm schytere Huuli isch s allwäg wöhler weder mir i der grosse Villa i der Stadt nide. Der Schang, es Närvebündel, all Tag zum Hüüsli uus. I de letschte Zyte gseht men e chuum meh deheime. Und s Schlimmschte, jetz foht er mer no is Eländ yne afoh trinke.» . . .

D Mueter Regula luegt zerscht der Vatter und druuf der Silvan mit grossen Ougen a. Es pletscht eren use. «He, jo, sie flüchte halt, die guete, feige Manne is Laschter, wo sie s Eländ schynts chönne vergässe. Mir Froue, s schwache Gschlächt, wie gspottet wird, sette bym Verstand blybe. E verruckti Wält das! Gottlob bin i so alt. Keis Johr wett i jünger sy. My tüüri nit!»

Wos i der Stadt nide nüüni gschlage het, stoht s Käthi uuf. «I muess! . . .»

Der Vatter mit ere chyschterige Stimm. «Und der Zeis? . . . Cha men öppis erwarte?»

«Vatter, plog sie jetz nit no, sie isch ploget gnue», gschweiget ne d Mueter. Jo, die Gueti, het allwäg wie gäng die beschte Wort gfunde. Im Buurestöckli isch sälbi Nacht wenig gschlofe worde. S Schwarzwälderzyt het zwölfi gschlage, wo si der Vatter no der Mueter dräjit. Wie eine, wos muess verspilt gäh, ertrünnts em.

«Regula, dys Gspüri sett me ha. Hesch rächt gha mit dym Misstroue. Jetz hei mer s Pflaschter. I gseh schwarz für d Zuekunft.»

«Es nützt dir nüt meh, schwarz zgseh. I has gseh cho», hänkt d Mueter y. «Zeisheere spile, wies du und der Jung heit welle praktiziere, het ou euch i Sumpf brocht. Weit dir mit euer Trinkerei öppen ou vor öppis flüchte? Es schynt mer, es hotti dört dure.»

* * *

Die nöchschte Tagen isch me im Kämpfstöckli nume halbläbig umegloffe. Fryli het der Silvan i Sache Trinkerei d Milch ums merken abegäh. Pünktlig heicho isch er und nume no i d Stadt gange zum Turne. No der letschten Üebig isch s em gsi, syni Kamerade heige Gheimnis vor ihm. Er ghört zwüschenyne Bemerkige.

«Gross agäh!»... «Herr Stadtrot!»... «Löhn nit zahle!»... «Verspekuliert!» «Ynegritte!»

Em Silvan schwanet nüt Guets. Syni beschte Kamerade schnyden e und göhn em us em Wäg. Zwe dervo schaffe drum i der Möbelhandlig vo sym Schwoger.

Uf em grosse Platz usse stöh i der Feischteri no der Üebig nume no der Oberturner Zwygart und der Silvan Kämpf bynander. Der Zwygart schynt vil z wüsse. «Du tuesch mer leid.»

«Wieso leid?»

«Wie cha me no froge?»

«Du machschs meini spannend, Zwygart. Rück use mit der Sproch.»

«Lisisch du der Stadtanzeiger nit?»

«Das Gwäsch, wo drinne stoht», spottet der Silvan.

«Aber jetz muesch ne läse, de hörsch uuf so naiv spinnere. Gang hei, und lis dä Anzeiger hüt no. I hoffe nume, dass nit alls eso strub usechunnt, wie s der Aschyn macht.»...

Deheime vergisst der Silvan im Huusgang Liecht z mache. Er schiesst wien e Uvernünftigen i d Stube.

Vatter und Mueter höckle wie gchläpft am Tisch. Vor ane der Stadtanzeiger uufgschlage.

«Gället, dir wüsset öppis», hässelet der Silvan. «Zeiget dä blöd Stadtanzeiger!»

«Do, lis!» meint der Vatter mit ere chyschterige Stimm. «Aber tue di nit z fescht ergelschtere», mahnet d Mueter.

Der Silvan schnellt der Anzeiger mit zittrige Hände vo der Tischplatten uuf. Er stoht do mit em Schlotter i de Chnöiäcke. Eis Wort schiesst em i d Ouge. «Konkurs»! E gränzelosi Wuet chunnt über ne här. Er verrupft der Anzeiger z Schmurzen und z Fätze.

«So, soo, Konkurs! . . . Der grossartig Herr Stadtrot! Dä Oberspekulant! Heimatlos het er üs gmacht. Jetz verlumpet dä grossgchotzet Hagel no.»

Der Vatter foht afoh wüete. «Dä Stärnsdonner Hochstappler!»

D Mueter dämpft: «Nähmet s Muul jetz nit grad z voll.»

«Hilf em no, däm Lumpehund», donneret der Vatter.

«Vatterli, Vatterli», lächlet d Mueter bitter, «wär het däm ganze Handel nie trouet. Wär het gmahnet, wos drum gangen isch, em

Schang s Heimet z verchoufe. Wär het em andere vo euch beide zueblinzlet, he, wär? Und wär het dozmol gseit, i spinni. Dir zwe... dir zwe Knüüsse. Machet nume nit, ass i jetz muess säge, dir föjet afoh spinne.»

D Mueter Regula het a däm Oben ihri ganzi Grössi zeigt und ihri zwe Manne chönne sänkle.

Wie isch s mörnderisch i der Stadt gange? Der Fraktionschef vo syner Partei het em Schang mit Gwalt der Füllfäderehalter i d Hand drückt für sy Demission as Stadtrot z unterschrybe.

Vo eim Tag uf en ander het der Schang keini Fründe meh gha. Ou die, won em, wenn kneipet worden isch am Stammtisch im Bürgerhuus, d Banknoten us der Brieftäsche glöcklet hei, si feig abgschliche und hei si rar gmacht.

* * *

Mit em Konkurs isch s e ghörigi Fuhre vürsi gange. Es isch bitter gsi für en ehemalig Stadtrot, däwäg müesse die höche Stägen abezdrohle. Kei Villa meh im Garte! Keis Outo meh! In ere Mietwohnig umevegetiere, eifach zum Bättler gschlage. Vo eim ynegritte, wo über Lychen ewäggoht. — — —

Uusgrächnet sy gross Konkurränt uf em Platz, der Möbelhändler Cerutti, het em der

Vorschlag gmacht, er chönn as Verchöifer i sys Gschäft cho.

«Du hesch mi mängisch gäl und grüen gergeret, Schang, mit dym Undenynehoue, wenns um Pryse gangen isch. Das sell jetz vergässe sy. Weisch, i bi ou no Mönsch und nit nume Profitjeger... Chasch by mir s Läben ou verdiene, wenn ömel wottsch. So ne tüchtigi Chraft chan i i myner Verchoufsabteilig bruuche. Zum Sälbergschäfte wirdsch du mit dym Konkurs und de Verluschtschyne allwäg nümme cho.»

Der Schang weiss gwüss der Ougeblick nit, was er sell dänke. Sell er mit Galgehumor gredi use lache, oder em Cerutti e Chorb gäh. Jetz, won em dä mit syner grosse Tätschhand uf d Achsle chlopfet: «Bsinn di nit und chumm», drohlets em use.

«I darfs chuum anäh. Ha die mängisch verfluecht und verwünscht, wenn mer e Chund abgjagt hesch. He nu, wenn du mir nüt nohtreisch, sellsch du mys Jo ha. Hindedry schähmen i mi dur alli Böde dure.»

«Loh alls vergässe sy, Schang. Am erschte vom Monet, dä isch inere Wuche noche, mäldisch du di by mir. Sellsch di nit gröjig sy. Nume no eis: wenns i dyner Lag öpper ehrlig mit dir meint, bin is, der Cerutti. Hand ufs Härz, schliesslig isch me no Chrischt, ou wenn me s Wort Herrgott nit allbott über d

Lippe loht loh flädere. Es sell also kei Demüetigung sy für di, verstande!»

Em Schang isch ne schwäre Stei vo der Seel drohlet. Ihm chunnt fascht alls wie im Troum vor, wo nit darf wohr sy. Er isch uf ne Wäg wie beduslet.

So hets für ihn am Mäntig kei müehsälige Wäg nach Ganossa gäh. Innedra glöst isch er sy Stell goh aträtte, und het derby vergässe, dass er ou einisch Undernähmer gsi isch.

Die gueti Nachricht isch gly einisch bis is eifache Buurestöckli vos Kämpfs treit worde. D Mueter Regula muess gwüss mit em vernarbete Handrüggen e Tropfen Ougewasser abwüsche. «Es git also doch no gueti Lüüt uf üser vo vilne so verwünschte Wält.»

Am Sunndig druuf stöh der Schang und s Käthi wie verschüüchti Flüchtling vor em Buurestöckli. D Mueter Regula het sie zum Zmittag yglade und stüüret ne entgäge. «Heit der Chopf uuf, dir zwöi. S Läbe goht wyter, eui Leitere het no mänge Seigel. Der oberscht Seigel isch de mol ganz a der Sunne.»

Sie sädle si alli föifi um e rund Tisch. «Mueter, Mueter, du stellsch jedi Heerechöchi i Schatte», rüehmt s Käthi.

«Wie gchnuschperig isch dä Chalbsbrote! Wie fyn dä Härdöpfelstock!» dopplet der Schang noche.

Der Vatter Kämpf meint troch: «Gället, jetz fyre mer s zwöite Läbe». Wo der Schang mit em Schwigervatter prostet, muess er, öb er will oder nit, a sälb Märettag dänken i der Stadt, won er no guetglagerete Burgunder het loh uuftische.

Nume z gly isch dä schön Sunndig ume gsi. Bym Usegoh leit d Mueter Regula em Käthi es gvierts Päckli i die schmali Hand. «Das, wo drinne stoht, sell ech uf euer Leitere gäng wider der Mupf gäh, de gohts obsig.»

Lang no hei s Käthi und der Schang no Vatter und Mueter gwunke, bis sie um die alten Ahornböim uf em Brunnerain verschwunde gsi si. Um sälbi Hüüser, wo uf em Bode vom Lyrihof stöh, mache sie ne wyte Boge.

I der Stadt göh scho die erschte Liechter a. I de Gasse chömen e allergattig gueti Gschmäckli us de vilne Chuchine entgäge...

Deheime rupfts Käthi das Päckli vo der Mueter uuf. Was rütscht vüre? E kalligraphisch schön dargstellte Spruch im ene Guldrähmli und dä Spruch heisst:

«Gwünn dys Läben all Tag nöi,
Blyb dir all Tag sälber tröi!

Louf graduus und gib nit uuf!
Nimm e länge töife Schnuuf,

Wenns di mängisch öppe dunkt,
Du sygsch uf em töifschte Punkt.

Wottsch dy Wäg im Zwyfel finde,
Muesch di sälber überwinde ...

Nie verspilt gäh, heb Vertroue,
Tapfer sy heisst wyters boue!»

«Dä Spruch hänke mer über em Chuchistisch uuf. Er sell üs all Tag der Mupf gäh», yferet s Käthi.

«Das mache mer», meint der Schang dezidiert. «Käthi, i säge dir numen eis, du hesch e grossartigi Mueter!» ...

«I weiss es, sie het üs meh ghulfe, weder ass mer gahnet hei. Ihres Byspil muess men Ärnscht näh, de chöme mer ou no einisch zu öppis.»

«Nümme mit em Schicksal hadere», meint der Schang. Er packt s Käthi mit beidne Händen a den Arme. «Mir bringes wider zu öppis! Mir müesse wider uf ne grüene Zwyg cho, hous oder stächs!» ...

* * *

Der Vatter Kämpf isch mit der Mueter is AHV-Alter yne grütscht. Vom Konkurs här sin e no a Zeisschulde 16 000 Franke zuegsproche worde. «Immerhin das, besser weder gar nüt», brummlet der Vatter.

D Mueter Regula mit ihrer agriffigen Art het i de letschte Johren e Gmüesgärtnerei uufbouet schöner nützti nüt. Sie het hinder em Brunnerain Pflanzplätzen afoh pachte.

Mit em VW-Liferigswage isch sie jede Zyschtig und Samschtig gly wider uf eigni Fuuscht z Märet gfahren und het mänge Batzen i ihres Huuli heitreit. Es het si drum umegredt, ass sie nume schöns und biologisch düngts Gmües feil het. Erscht no d Eier vo den eigne Leghorn mit em wunderschöne grosse, guldgäle Dotter! Jo, d Chundinne si ihre tröi blibe johry-johruus. Am meischte het sie aber das gfröit, ass sie i Zyt vo drüü Johre s Land für nen eigne Pflanzplätz het vermöge z choufe. Guets Gäld vom Märet het ihre das möglig gmacht.

I ihrer grosse Fröid isch s ihre drum gange, am ene prächtige Wymonetsunndig wider mol s Käthi und der Schang zum Zmittag yzlade. «Aber gäll, Mueter wider dere gchnuschperige Chalbsbrote!» bättlet d Tochter em Telefon. Und der Schang rüeft i Hörer yne, «und wider dere fyne Härdöpfelstock!» — — —

Jo, dä Sunndig het allem d Chrone uufgsetzt. Gueti Luune bym Ässe! Nom Gaffee meint d Mueter Regula: «Soo, myni Herrschafte, jetz göh mer mys Stück Land goh luege. Es lohnt si!» ...

Im Gänsemarsch zieh die Föifi uus. D Mueter vora, de der Vatter, s Käthi, der Silvan und der Schang.

Im Hui stöh sie vor däm grosse Pflanzplätz, wo gly alls abgärnet gsi isch druffe. «Schöne Härd», meint der Schang. Und der Vatter dopplet noche, «guete Humus! Wüsset er, däm Plätz het d Mueter gchüderlet us suur verdienete Märetbatze, am eigne Muul abgspart.»

Mit eme Lüüchten uf em Gsicht goht d Mueter Regula uf e Schang und ufs Käthi zue, git beidne zäme d Hand. «Soo, dir zwöi, dä Fätze Land ghört nit numen em Vatter, em Silvan und mir. Er ghört ou euch. Merket ech das: ou dir heit wider Boden under de Füesse.»

D Wiehnachtsüberraschig

Grossi Walme Schnee si über Nacht vom Himmel drohlet. Die ganzi Famili vo der Konditerei Graf i der Rothuusgass stoht am Fänschter und stuunet i das wysse Wunder use. «Jetz gsehts uus wie Wiehnachte», jublet die füfzähjährigi Silvia und hanget der Mueter a Hals vor Fröid.

Die vile Chemi i der Altstadt nide träge wyssi Huube. Paar Böim gäge der Aare zue schyne i glitzerigi Pelzmäntel ygmummelet z sy. Und vo de Stromleitige über em Omnibus gägem Eggerstalde zue wirblen allbott wyssi Band wie sydigi Halstüecher ufs Strossepflaschter abe.

«S isch eigetli Zyt, in ere Wuche göh mer jo a Wiehnachtsgottesdienscht i d Pouluschile», meint der vierzähjährig Sekundarschüeler Melch. D Mueter rüehmt ne: «Gäll, es isch halt glych schön, wenn me i der Famili no alti Brüüch darf pflege.»

«Am schönschten isch s halt», meint der Bueb, «wenn alli Gloggen aföh lüüte. Wenn d Luft glasklar isch vo der Chölti und d Lüüt nander mit heitere Gsichter begägne.» ...

Die ganzi Famili sädlet si süüferli um e Zmorgetisch ume. Derwyle, dass der Gaffeegschmack schier dur die ganzi Wohnig chrüüslet und d Hungschnitten uf em Täller vertromet wärde, chunnt s Thema Ässe a der Wiehnachte dra.

«O, die feini Hüehnerpaschtete!» schwärmt der Melchior.

«Erscht no die feini Mandarinetorte!» dopplet d Silvia noche. As e Backfisch, bildhübsch, aber öppe mol es Närvebündel, es Quäcksilber, wo Vatter und Mueter ufs Gäder git, sorget die gueti Silvia eben ou für Spannige i der chlyne Konditerfamili. Hüt alli Fante voll, übersüünig, no ganz Chind, morn es Fynöggeli und Dämli mit gwählte Worte, e Mimose. Hüt ahänglig allnen am Hals, morn wider uufbruusig wien e Vulkan. Oder ebe denn e Jommertante, truurig und chuum z tröschte. Alls loht sie lo ligge wie d Hüehner der Dräck. Büecher und Heft uf em Zimmerbode ...

Der Vatter isch der erscht, wo vom Zmorgetisch uufstoht, scho syt der Drüünen uf de Beine.

«Lüütli, Lüütli, i muess i d Bachstuben abe, d Arbet verdrückt eim fascht.»

D Mueter foht a zämeruume. «I darf ou nümme tampe. Die Päckli, wo no z mache si, es wird mer fascht gschmuecht.»

Der Melch pfitzt i sys Zimmer ufe, d Schuelmappe goh reiche. Der Silvia hingäge pressierts kei Bohne. A d Schuel dänkt sie scho gar nit. Anders drohlet ere im Chopf ume... Aber was? Öppe mol schlängget sie der läng Hoorwüsch us em Gsicht. Jetz schiesst sie uuf, stoht as Fänschter und tröimeret öppis.

«Was isch ou los mit der, Meitli?» frogt d Mueter närvös und greizt.

«He nüt, was, i ha nume grad nochedänkt, weles Chleid as i as Wiehnachtskonzärt wott alege.»

«He nu, wenn s nume das isch... Ha gmeint, es plog di öppis. Aber jetz hantli, s isch Zyt für i d Schuel!»...

Fahrig wie immer i de letschte Zyte, juflet d Silvia is Zimmer ufe, chunnt mit der Mappe d Stäge ab z gumpe. E churze Blick i die halboffni Türe. «Adie Mueter, i goh jetz»... Und wäg isch die verhürschteti Tochter. D Mueter luegt ere noh, wie sie im Schneeflokketanz ussen ume Rothuusegge pfitzt.

So gäge die Nüüne trampet sie überen is Silvias Zimmer. Heiligs Verdiene, die Negerornig, e schöni Zueversicht! S Bett usenandgrupft! Es Durenander! Im enen Eggen inne mit Schyn Gschänk, wo no nit ypackt si. Es Wüsch Silberpapier dernäben und guldigi Schnüer. Uf der Gummoden e Fätze Papier mit Näme druffe. Allem Aschyn a e Gschänklischte.

«Immerhin», dänkt d Mueter, «öppis wei mer däm Pfiri z guet ha. Es foht ömel z rächter Zyt a.» Nu, si wott wyter nit schnousen und gwundere. Der Vormittag isch derwyle nume so wäggfloge. No der Zwölfe isch die chlyni Konditerfamili um e Zmittagstisch gsässe. D Mueter schilet öppe mol gäge der Silvia übere, wo nume so häb chläb der Chopf bym Ässe het. Si stochert im Rosechöhli ume und möffelet derwyle öppen em ene Fleischmöckli ume wien es Eichörnli an ere Nuss.

«Üsi Tochter het mit Schyn kei Hunger», brummlet der Vater.

«Wieso denn?» schiesst d Silvia uff, wie wenn sie vomene Wäschpi gstoche worde wär.

«Es het Juckpulver verwütscht», witzlet der Melchior.

D Mueter probiert en anderi Saiten uufzzieh. «Silvia, iss ou, du bisch eso bleich i de letschte Zyte.» ...

«Äuwää!» chunnt e pukti Antwort zrugg. «Alls luegt immer numen uf mi. Han i eigetli Hörner?»

«Fertig, nit chähre!» fahrt der Vatter derzwüsche. «Me darf däm Dämli ou gar nüt meh säge.» ...

Derwylen isch s eis worde. Der Vatter leit si für e Mittagsnuck ufs Ruehbett i der hindere

Stube. Der Melch macht si hinder d Uufgabe. Und d Silvia, wo isch das tuusigs Quäcksilber wider? S wär Zyt zum Abtrochnen i der Chuchi. D Mueter wäffelet für si ahne: «Grad nume s Dienschtmeitschi bin i de hingägen ou nit.» «Melch», rüeft sie d Stägen uuf, «gang lueg einisch, wo si d Silvia umetrybt. Aber möögg mer de nit durs ganze Huus, ass der Vatter verwachet.»

Der Melch folget ufs Wort. Bis uf en Eschterig ufe suecht er sy Schweschter. Aber kei Spur!... «Usen isch sie gwüss nit», bhouptet d Mueter. «Die muess doch nöimen im Huus sy! Gang lueg einisch i Laden abe!» Der Melch steckt sy Chopf zu allne Türen y, wos git im Huus. Gäng no kei Spur! Jetz schiesst er dur d Bachstube dure is Warelager hindere. Wohl, jetz ghört er öppis. Dört by de Mählsecke hinde üebt d Silvia uf der Flöte. E Melodie, wo der Melch bis jetz no gar nie ghört het.

«D Mueter suecht di allen Orte. Abtröchnet hesch eren ou nit.» Nomene Wyli stöh die zwöi i der Chuchi. D Silvia mit der Flöten i der Hand. «Wo stecksch ou die ganz Zyt?» begährt d Mueter uuf.

«He, i ha uf der Flöte güebt!»...

«Wo güebt?»...

«He, überunde!»

«Der Witz, Mueter, by de Mählseck nide», spottet der Melch.

By däm Gschtürm isch s derwyle fascht zwöi worde. D Silvia het bis am Vieri Handarbeitsschuel. «I chume die de cho abhole bym Schuelhuus!» rüeft ere d Mueter im Gang usse no noche. Bis denn muess die Gueti im Lade nide hälfe. D Lüüt wei alli nume Wiehnachtsstolle choufe und i Stärnepapier ypackt ha. So isch s halt, wenn me ne Huusspezialität füehrt, wo i der ganze Stadt grüehmt wird.

Müed und glych uf ne Wäg närvös, gjuflig fahrt d Mueter gäge de Viere mit em chlynen Opel zum Schuelhof abe uf d Silvia goh warte. Jetz ghört me gragöle hinderem grosse Tor. Scho stürmt e Meitlischar uf e gross Platz use. D Silvia löst si vo der ganze Trybete und springt uf d Mueter zue. Ihri länge Hoor flattere nume so im Wind. Im Umeluege höcklet sie näbe der Mueter uf em vorderen Outositz. Am halbi Föifi muess sie drum i d Musigschuel wäg em Wiehnachtskonzärt.

Uf der churze Fahrt muess d Frou Graf eifach Dampf abloh. «Silvia, jetz si mer äntligen einisch eleini zäme.» . . .

«Und — was isch los?» pöchelet s Meitli.

«Du muesch allwäg no froge, du tuusigs Strupf. I ha gfrogt! . . . Los, du machsch mir eifach Sorge. Bisch verhürschtet, närvös, gisch em Vatter und mir kei rächti Antwort meh. Schlohsch der Chopf umenand, wenn men öppis seit. Meinsch du, das mach eim no Fröid uf d Wiehnachte? I wett lieber, es wär scho Jänner.» ...

«E-e-e-, Mueter, jetz übertrybsch liecht. Dir, die andere si greizt und närvös, nit i.»

«So, so Silvia! Und de dys Zimmer. Die Negerornig! Das Durenander! ... Du hesch dy Chopf nümme by üs.»

«Ebe grad by euch hani my Chopf!»

«Verzell mer keini Märli, Meitli!»

«A de Gschänk ume studier i, Mueter, und süscht a nüt anders.»

«Jää und das bringt di däwäg hindefür. S muess no öppis anders sy, wo di so zum Hüüsli uus bringt. I gloub der alls nume halb, wo du do uuftischisch.» ...

By allem Gschtürm drötschgelet der Opel zum Saal vo der Pouluschile, wo d Musigschuel für paar Tag ygrichtet worden isch.

D Silvia stygt huschterig uus, git der Mueter mit ihrne cheschtenebruunen Ougen öppis wien e heitere Blick ...

Mörnderisch hets aber kei Bohne besseret gha. Wien es halbverstörts Huehn isch die gspässigi Tochter im Huus ume ghuschteret. «Dä Strupf zieht üs der Närv no ganz uus», wätteret der Vatter. Der Mueter drohlet ei Süüfzger um der ander use.

D Wiehnacht nochet süüferli. I de Zytige wärde sogar d Tage für das grosse Fescht uufzellt.

«... noch sechs Tage bis Weihnachten!»
«... noch fünf Tage bis Weihnachten!»
«... noch vier Tage bis Weihnachten!»

D Spannig i der Konditerfamili Graf wird nit chlyner. Mit der Silvia cha fascht keis vernünftigs Wort meh gredt wärde. D Ornig im Zimmer gäng strüber.

«Jetz chlöpfts denn öppe!» donneret der Vatter mit der Fuuscht uf e Tisch.

«Im Gschäft eis Gjag und Gjufel. Derzue ne Tochter, wo wäg isch. Stärnemillione, das sell no Wiehnachte sy?»...

«... noch drei Tage bis Weihnachten!» list d Mueter i der Wohnstuben obe luut i der Zytig. «Hüt z Obe wär jetz s Konzärt im Chilegmeinshuus», huuchet sie us ere Verzwyflig use.

Der Vatter streckt si grad vom Mittagsnuck. «So, sooo, hüt z Obe wärs! Sell me si druuf fröjie und goh, oder lieber deheime Trüebsal blose. Wie wett üsers Meitli chönne Flöte spile, wenns däwäg fahrig isch.»...

D Mueter leit em d Hand uf d Achsle: «Göh mer doch, wenns nom Konzärt nit besseret, müesse mer en anderi Saiten uufzieh.»

* * *

Dusse hets langsam afoh nachte. Ganz elei stoht d Mueter am Fänschter und luegt vo der Wohnstuben uus i d Gassen abe. Die Liechter zäntume! Froue mit ihrne Päckli uf em Heiwäg. Ihri Gschänk liggen ou parat im hindere Zimmer.

S ganzen Eländ chunnt über sie här. «Muess Wiehnachte so sy hür? Abgraggeret han i mi. Nüt isch vergässe blibe. Alls zwäg! Aber s gröschte fählt mer i mym Chummer: S Liecht vom Stärn, wo vor zwöituusig Johre über Bethlehem uufgangen isch. D Geburt vom Heiland, s Gloria, d Ängel. D Verchündigung uf em Fäld vo der Hirte. Alls chunnt mer wie wyt wäg vor. Mys Härz isch chalt... und my Gloube?... s isch zum verzwyfle.» ...

E Stund früehner het me by der Famili Graf z Nacht gässe. Alli gsundiget, Vatter, Mueter, d Silvia und der Melch. Uf die Achti isch s Wiehnachtskonzärt agseit. Het das zuget gäge der Pouluschile zue. Lüüt, Lüüt und no einisch Lüüt! Vor em Chilegmeinssaal macht d Silvia e chlyne Knix gäge Vatter und Mueter. «D Instrumänt sette drum no gstimmt wärde.» Die Wort hei wie us eren andere Wält tönt.

Punkt Achti isch der Vorhang uufgange. Der Saal gstosse voll. Es schöns Erwarten uf allne Gsichter. Die flotte Meitli und Bueben uf der Bühni hei en Uusstrahlig, wo muess astecke. Alle stöh zerscht, machen e Verböigig gäges Publikum und jetz ufs Zeiche vom Musiglehrer Flury sädlet si die glückligi Schar hinder de Noteständer.

D Frou Graf chüschelet em Vatter zue. «Lueg mol üsi Silvia im tannegrüene Chleid. Guet gseht sie uus, guet.»

Der Vatter lächlet im Halbdunkle für nen ahne. «Eeee, wenn so wottsch, es gseih alli guet uus uf der Bühni» ...

S Konzärt foht a. D Spannig vo allne dene feischtere Tage löst si langsam by der Famili Graf. Im Saal lyt e bsundere Zouber und dä hei die junge Mönschen uf der Bühni häre brocht. Unbekannti Lieder vo Schnee und Schlittle wächsle churzwylig hin und här. Alti barocki Wiehnachtsmusig tönt. Im Saal isch s müxlistill. Me chönnt e Nodle ghören a Bode drohle. Wohl öppen im einten oder anderen Eggen es abgwürgts Hüeschtle. I de Zwüschepouse nicke d Lüüt enander zue.

«Grossartig!» ... «Eifach wunderbar!» ... «Sie musiziere vo innen use, die Meitli und Buebe.»

«Jo, gäll, der Flury cha si halt begeischtere. Azünde chan er sie!» ...

«Me muess Sorg ha zu som ene Musiglehrer.» ... So hei si doch die vile Vätter und Müeter chönnen eryfere.

Wäg vom Lärmen und Gjag het Wienachte z grächtem afoh zünde im Chilegmeinsaal. Nom druckte Programm wär s Konzärt in ere knappe Stund z Änd gsi.

No de letschten Akkorde stoht eismols z vorderscht uf der Bühni der Musiglehrer und redt mit ere fyrlige Stimm öppis vom ene Gheimnis. Von eren Überraschig, wo ebe nit im Programm stöh.

«Mir hei e Solischtin under üs. Die wott mit ihrem Stück ihri Elteren und aber ou euch alli überrasche»... Druuf *ei* Totestilli! *Ei* Spannig im Saal!

Der Musiglehrer chehrt si mit beidne uusgstreckte Händ gäges Orcheschter und lächlet mit eme liechte Chopfnicke.

«Üsi Solischtin heisst Silvia Graf. Sie spilt üs s Rondo us em Flötekonzärt i der G-Dur vom Wolfgang Amadäus Mozart.»

D Silvia stoht uuf und trämpelet mit liechte Schritten ohni Hemmig vor s Orcheschter — näbe Musiglehrer. Zerscht e Blick nom Taktstock wägem Zeiche. Und öb sie d Flöten a der Lippen asetzt, het sie der Chopf es Rüngli uuf, suecht mit ihrne cheschtenebruunen Ougen und eme versteckte, schelmische Lächlen uf em Gsicht Vatter und Mueter im Saal. Es Lüüchten uf allne Gsichter und jetz s Zeiche vom Taktstock.

Scho pürzle die erschte Tön vom Rondo derhär, früsch läbig, wien es Wässerli us ere Quelle. Sicher ganz im Zeiche vom grosse Kompenischt Mozart. Der Mueter blybt im Momänt der Schnuuf stecke. Der Vatter luegt voraben und stützt der Chopf uf der rächte Fuuscht uuf. Sie die zwöi no uf der feischteren Ärde oder jetz doch däne in ere heile Wält?

Voren uf der Bühni spilt d Silvia i einer Früschi s wunderschöne Rondo. Kei Lampefieber! Kei lätze Griff! ... alls wie vo sälber. D Mueter muess d Brillen abzieh und nuschet närvös im Handtäschli, bis sie s Nastuech cha vüregrüble. Dur ihri nassen Ouge dure blybt sie a ihrem ganz andere Chind voren uf der Bühni chläbe. Sie chas und chas eifach nit gloube. Zwüschen yne suecht der Vatter ihri Hand, drückt sie fescht und schwygt derzue. Aber ou der Melch, ihre Bueb näbedra, foht si afoh rode. Er chüschelet der Mueter is Ohr, so lys as er nume cha, «i has gwüsst!» ...

D Silvia nimmt d Flöte andächtig vo der Lippe. S Konzärt isch fertig. D Lüüt chönnen und chönne nit höre klatsche. Niemer stoht uuf. Alli blybe wie agwachsen uf de Stüehle. Der Musiglehrer chunnt wider uf d Bühni, no ganz übernoh.

«Liebi Konzärtbsuecher, alls het einisch es Änd. Myni Meitli und Buebe hei probiert, euch hüt z Obe s erschte Wiehnachtsliecht azzünde. Und jetz singe mir alli no zäme s schöne Lied vom Poul Gerhard «Fröhlich soll mein Herze springen.»...

* * *

D Liechter im Chilegmeinsaal si verlösche. No allne Syte göh d Lüüt still i die feischteri Advänstnacht usen uf e Heiwäg mit der Vorfröid uf d Wiehnachte.

D Konditerfamili düüsselet deheime lysli eis em andere noh der Huusgang y. Vo der Bachstube här chrüüselet ne e früsche Läbchuechegschmack entgäge.

D Spannig im Huus het si gleit. Müed, aber überglücklig seit eis em andere Guet Nacht. Ohni vil Wort... Aber i de paar churze Wort lyt öppis wie Erlösig.

Am Morge müesse d Silvia und der Melch nume no für zwo Stund i d Schuel. Und ebe denn... chöme d Ferie. Dur e Vormittag macht d Mueter no d Rundi im Huus. Vor der Schlofzimmertüre vo der Silvia blybt sie stoh... mit Härzchlopfe.

«Sell i mers ersparen und nit ynegoh. Mi hüt nit ergere wäge der Ornig.» D Stimm i ihren innen isch aber stercher. «Gang — lueg!» Wie sie ynechunnt, trouet sie ihrnen Ouge chuum. S Bett schön zwäggmacht. Der himmelblau Überzug drüber gleit...agstreckt, keis Rümpfli drinne. Uf em Zimmerschaft ligge drüü Päckli parat. Agschribe!

«Der lieben Mutter!»

«Dem lieben Vater!»

«Dem lieben Melch!»

D Mueter luegt i Spiegel a der Wand. Verdutzt! «Bin is oder bin is nit? Underschätzt han i d Silvia... Sie isch mer überläge. I ha öppis glehrt von ere. Wie han i aber ou mys Chind, my Tochter däwäg chönnen underschätze.» ... Die letschti Zyt, wo d Mueter nümm möcht zruggnäh, schiesse wien e Schatten an ere verby. S Durenand im Zimmer, s verhürschtete Meitli, sy Trotz, sys Uufbruuse! «S heimlige Flötespile im Warelager nide! Meh Musigstunde — — — alls für üs, für e Vatter und mi! Wäge der Wiehnachtsüberraschig. A Chlynigkeite han i mi gergeret. Also chlygariert bin i gsi. Derby het d Silvia alls loh sy, wyl sie öppis Grössers vor gha het.» So isch d Mueter ganz übernoh. Wie im Troum trampet sie i d Stuben abe, wo der Vatter uf e Znünigaffee planget. Ihm muess sie alls bychte. Sie het müesse lehre, dass de Pflichte noh cho alls schön und rächt isch. Aber allem vora chunnt halt glych zerscht d Liebi und die isch stercher as alls andere.

* * *

Zmittag, wo d Silvia z friden und mit rote Backen i d Stuben yne stürmt, wird sie vo der Mueter grad umärvelet.

«Du sälber bisch mys gröschte und schönschte Wiehnachtsgschänk. I bi wunschlos! Aber gäll, wenn d Liechter am Boum brünne, spilsch üs s Rondo vom Mozart nomol.»

Üse Franzli

(Es Bild vo deheime)

I syg sälb Mol nume ne Tag weniger as es Johr alt gsi, wo üse Franzli uf d Wält cho isch. Der Liebgott het üs zwe beid im Chrischtmonet, so um e Samichlaustag umen uf d Ärden abegschickt und so si mer numen es Johr usenander gsi. Wenn by üs deheimen i der alte Stube vo sälber Zyt verzellt wird, heisst s gäng, i syg a däm Tag, wo der Franzli gebore syg, wie lätz uf em Boden ume gschnoogget. D Grossmueter us em Hölzli heig mi uf d Arme gnoh, a ihri Bruscht drückt und heig immer gseit: «Chlyne, chlyne Schatz du, hesch es Brüederli übercho!»

Aber der chly Schatz heig noni gwüsst, was do Appartigs gscheh isch. I syg der Grossmueter mit myne gchläberige Nidletäflihänd übers Gsicht abe gfahren und heig ere no ihres Glöschli gnetzt. Si syg aber vor luuter Fröid nit emol toub worde. Item, der Franzli und mi het me göimelet wie zwöi jungi Gitzi im Früehlig. I bin e chlyne magere Spränzel blibe. Der Franzli hingäge het der Chnopf ganz ghörig uufto und isch ne chäche Brügel worde.

Für üs zwe isch ne schöni Zyt cho. Gspässig isch eigetli nume das gsi, dass mer nander vo

Huut und Hoor nüt gliche hei und keine i sym Wäse glych gsi isch wie der ander.

Aber gärn hei mer nander gha, was nume gärn will heisse. Zmitts uf em Huusplatz usse, dört underem wältsgrosse Nussboum hei mer nander mängisch ganz fescht um e Hals gnoh und ynand Ähli gmacht.

Einisch hei mer zwe schöni blaui Pellerine z Wiehnacht übercho mit härzige Kaputzli dra. S Dorf uuf und ab hein is alli Lüüt nochegluegt, wenn mer d Kaputzli ufegmacht und nander satteli a de Händ gfüehrt hei. De heits albe gheisse: «Lueget die zwe Bueben ah, die gseih prezis uus wie d Zwärgli im Schneewittli.» . . .

Potz tuusig, settigi Komplimänt het men üs zwene nit zwöimol müesse mache. Üs isch der Chambe schön gwachse derby und de si mer druufabe schneidig heigwidlet und hei vor luuter Fröid d Mueter fascht überrönnt.

Zobe, wenn s vom Dorf här glüütet het, hätte mir zwe Fäger albe sellen is Bett. Aber do hei mer kei Musigghör gha. Nume nit scho so früeh is Bett. Eh mir hätte doch nume gnürzt und wären i de Hömmlistilen umenandergumpet. So hei mer denn albe ne chlyni Gnadefrischt übercho und dürfe für ne Halbstund ufs Ofebänkli höckle. Isch das doch öppis schöns gsi, i gloube, s schönschte vom ganze Tag, wenn me s Bett no chly het chönnen usestüüdele.

Eismols si mer aber beid zäme zahm worden und hei ganz chlyni Ougen übercho. De hets de gly druufabe gheisse: «So do lysch Härzwasser im Gutschli!»...

Der Franzli isch am Morge früeh gäng zue mer übere z zäberle cho und denn isch s losgange. Mys Bett het albe nümme schön uusgseh so nach ere Näschtete.

So gäge de zähne dur e Vormittag si mer zum Chrämer im Mitteldorf oder zum Ida is Lädeli uf der Höchi usse, für d Mueter goh kommissiönle. Isch das doch es Wäse gsi und e Sach für üs. Wie we mer wette Värsli uufsäge, so hei mer der Mueter ihri Kommissione nochegseit.

Der Franzli isch de dört dure bsunders e luschtige gsi. Är het s Dorf ab näben amer ynen alls gsunge, wo mer hei müesse ha.

«Und Magrone und Elaschtig, es halb Pfund Nüdeli, es halb Pfund Simmelmähl.»

Jo, das isch ne Gsang gsi. I gseh sie jetz no, die alti Jumpfer Lisette, wie sie ab däm Franzli het müesse lache. S hets sie schier fascht gschüttlet drab.

Aber wie heis so Buebe, wenn sie chly läbig und luschtig si. Wie meh d Lüüt ab ne lache, wie meh föh sie afoh dumm und vorwitzig tue.

S Chrämers Frieda und s Ida im Lädeli usse hei, wie gseit, die beide Knüüsse gäng gärn gseh cho. Nume si mer de mithine grüüsligi Gluschtchatze gsi, bsunders, wenn öppis früsches uf em Ladetisch gstanden oder glägen isch. So Schoggelasöili oder Schoggelamüüsli.

Wie mängisch het doch der Franzli lysli zue mer gseit «frächet», wenn i s Ida uf der Höchi oder s Chrämers Frieda gfrogt ha: «Was choschtet son es Schoggelasöili?» Die guete Froue, tröscht sie der Herrgott, hei mi albe nume z guet gspürt, was i meine und wo mi der Schueh drückt.

«Eh, chasch jetz eis vergäbe ha, du tuussigs Gluschtchatz, ass de bisch. Der Franzli wott dänk ou eis, süscht gits de Ougewasser.» ...

S Chrämers Frieda het mithinen ou dürri Aprikoseschnitz gha. Ei Samschtignomittag het üs d Bäsi vom Häisiwil jedem e Zwöibätzler i d Hand drückt. Mir, nit schüüch, si abdechlet wie s Bisewätter, für goh Aprikoseschnitz z choufe. I bi vor luuter Juflen und Gümperen umdrohlet uf der Stross und ha dä schön nöi Zwöibätzler verlore. Dä isch eifach furtgfloge uf Nienefinde. Wie han i doch sälb Mol chönne usebrieggen und es Wäse mache.

«Ums Gottswille, was isch de mit dir gscheh?» het s Gmeinschrybers Frou s Schosefinli mi welle tröschte. Der Franzli het mer myni Zwilchhosen abputzt vom Strossestoub und s Schosefinli, i vergissenem das myner Läbtig nümme, het mer e Halbbätzler i d Hand drückt ...

Bis Chrämers inne hani em Franzli zuegchüschelet: «Chouf du für dy Zwöibätzler zerscht Aprikoseschnitz. I säges denn nochhär, dass i ou settigi wott.» D Chrämeri het üs beid zäme läng agluegt und allwäg gseh, dass i ganz vergelschteret bi, wie üsers Büssi, wo bald under nes Outo cho isch.

«I muess dir dänk glych vil gäh wie em Franzli, süscht gits denn allwäg no einisch Tränli. Briegget hesch jo, me gseht dirs a. Was hesch eigetli, Chlyne?» I bi ganz verläge worde und ha mir mit de Hände d Ougen uusgribe.

Das hingäge han i mir hinder d Ohre gschribe, ass me für ne Halbbätzler glych vil dürri Aprikoseschnitz überchunnt, wie für ne Zwöibätzler. Vo sälb Mol a han i alben us jedem Zwöibätzler vier Halbbätzler loh wächsle bym Chäser Fritz und däwäg han i gäng viermol zu der Chrämeri chönne goh Aprikoseschnitz choufe. Öb sies gmerkt het, weiss i nit. Der Franzli isch mer gly uf e Schlich cho und het mers suuber und glatt nochegmacht.

* * *

So gägen Ändi Wymonet zue, wenn die chalte Tage cho si, isch der Metzgersepp us em Underdorf de Buure nochegange, won e guet gmeschteti Sou gha hei. Die Zyt isch für üs Buebe gäng öppis bsunders gsi. I gloube, mir heiges gwüss jedesmol es paar Tag voruus gwüsst gha, by welem Buur ass gmetzget wird. Do hei mer doch üsi Nase z vorderscht gha und hei druufabe deheime sälber Metzgerlis gmacht. Wie wenns im Kaländer täti stoh, so sicher han i gwüsst, wenn bym Götti im Hölzli oder by der Bäsi im Häisiwil gmetzget wird. A dene beidnen Orte han i gäng dürfe goh s Söischwänzli reiche. Oder, wenn i ganz lieb gsi bi, hets sogar zun ere grosse Läberwurscht glängt.

Z Nacht vorhär han i gwüss albe chuum meh rächt chönne schlofe. Am Morge scho i aller Herrgottsfrüechi bin i goh der Franzli wecke und ha mit em gchähret, er sell doch ou mit mer cho, er chömm vo mir denn gwüss d Hälfti vo dere Schicketen über....

Do einisch am ene strube chalte Oktobertag si mir zämen abdäselet a d Metzgete zu der Bäsi uf Häisiwil.

Sälb Zyt isch jo grad d Jagd noche gsi. Eismols, wo mir s Weidewägli uus beinele, grad by de Hagelbueche verby, chöme s Käller Osgis zwe böse Jagdhünd gägen üs yne. I ha mordio und hälfio brüelet und bi was gisch was hesch über alli Chabisplätzen yne gägem Häisiwil pächiert. Erscht denn han i gwüsst, dass mer nüt meh cha gscheh, won i by der Bäsi uf der warme Chouscht ghöcklet bi wien es chlys Hüüfeli Eländ. Zerscht het me um alls i der Wält nüt us mer usebrocht. Wie bin i doch e Höseler gsi der tuusig aber ou. Der Franzli hingängen isch de vil vil der tapferer gsi weder i. Är isch by dene Daggle blybe stoh und het sie no gstrychlet. Ganz gmüetlig isch er do ou zu der Bäsi z hötterle cho. Der Metzgersepp mit em grosse schwarze Bart und d Chnächte hei mi ghörig uusgfötzelet. Derfür het der Franzli e grossi Läberwurscht übercho und i halt s Söischwänzli.

«Jo, jo», het der Vetter Sämi gseit, «der Franzli git e schneidige Soldat. Aber der Beat, dä sell roti Franzosehosen alegge. Es settigs Hasehärz cha me jo niene bruuche.»

Der Franzli isch mer eismols gross vorcho. I han e jo so gärn gha, ass i nit hätt chönnen yfersüchtele gäg nen yne.

Numen uf em Heiwäg han em lysli und ganz wien e Bättler gseit: «Aber gäll, verzellsch de em Vatter nüt vo myner Angscht, weisch süscht wirden i de no einisch uusglachet.»

Nume nit uusglachet wärde! I glouben, i hätt alls chönne tue, für das nit müessen erläbe. Nüt het mi meh chönnen i Gusel bringe, weder wenn mi öpper ghänselet het.

Der Franzli isch still blibe deheime. Er het mi nit verrote. Derfür han is aber doch no der glych Obe der Mueter bychtet, wo sie a mys Bett anecho isch, für mer Guet Nacht z säge.

Im Troum han i druuf luut grüeft, «d Hünd, die böse Hünd wei mi bysse!» ...

* * *

A der Wiehnacht druuf hätt i nie dra dänkt, ass i mit mym liebe, guete Franzli s letscht Mol um e Chrischtboum ume täti stoh. No einisch isch er mir vorcho wien e Soldat, won er s Värsli uufgseit het, ohne es birebitzeli Angscht z ha. So nes stills, ruehigs Brüederli isch er gsi und i es settigs Quäcksilber, wo uf allne Stüehle zapplet het.

I sälber heilige Nacht hei mir zwe Chnirpse dürfe bynand schlofe. Was hei mer no zäme z brichte gha? E soo öppis, worum ou grad das? Vom Stärbe hei mer gredt, vom Stärbe, mir zwöi Chind. Gly han i gchüschelet: «Weisch, Franzli, i möcht halt nie stärbe. Im Grab unde cha me jo nümme schnuufe.»

Und der Franzli, mys Brüederli, wo no nes Johr jünger gsi isch weder i, het ganz andersch gredt. I ghören e jetz no, wien er seit: «Alli Lüüt müesse stärbe.»

«Los, mir wei lieber schlofe», säg i druuf «und nit vo settigne truurige Sache rede.» ...

Ne länge Pflotschjänner isch cho und der

Hornig no vil strüber. Zäntume hets afoh grippele, wo s em Merze zue gangen isch. Der Franzli und mi hets ou ghörig ynegleit. Gfieberet hei mer zämen i der Nacht. D Mueter het bin is gwachet. D Bäsi isch cho, der Götti isch cho. Alli hei ne grüüsligi Angscht uusgstande wägen üs zwe Buebe. Me het üs nümme trouet...

No paar Tage han i ume wider chönne vüreschlüüfe, s isch mer styf gange. Aber der Franzli hingäge, dä arm, isch no töif im Bett gläge. Emol hani gseh, wo der Dokter der Chopf gschüttlet het. D Mueter het s lötig Wasser brieget und mir my Chopf gschtrychlet. Keis Wort het sie chönne säge. I ha sälber ou agfange briegge, aber sälber nit gwüsst worum.

«Darfsch nümm zum Franzli as Bett goh, süscht muess er stärbe», het d Mueter mit ere abgwürgte Stimm gseit...

Mörnderisch isch e prächtige Früehligsmorge gsi. D Amslen uf de chlyne Linde vor em Huus hei gliedet wie no nie. Der Vatter isch mi us em Bett cho näh und het fascht chuum chönne rede.

«Chumm,... chumm,... i... will... der... i der Stuben es schöns Ängeli zeige.»... Was han i müesse gseh, my lieb Franzli isch under me wysse Schlejier gläge. D Öigli no halb offen und es Gsicht wie Wachs.

I ha nüt chönne säge. Do gstande bin i wie agwachse.

Druuf bin i is Zimmer zrugg ufs Vatters Bett gläge, ha mi mit em wysse Lyntuech deckt und druuflos briegget, s het mi nume so gschüttlet, wien es chlys Böimli, wenn der Wind dryfahrt.

Sie si mi cho sueche. «Mueter, i wott ou stärbe, Vatter i wott ou zum Franzli goh. I wott nümme läbe!» . . .

Drei Tag spöter het mer d Mueter s Matrosechleid agleit. A mys grüene Jägerhüetli het sie nes schwarzes Bändeli gmacht. Vil Lüüt si is Huus cho. S het afoh lüüten i der Chile nide. Vier grossi Bueben us em Dorf hei der Franzli im wysse Toteboum treit gägem Chilchhof zue. Der Vatter het mi a der lingge Hand hindenoh gfüehrt. I der rächte Hand han i es Büscheli Schneeglöggli treit. Die han i em Franzli mit is Grab gäh. . . .

Mänge Tag und mänge Monet si vergange. Mys Buebehärz isch gsi wie broche. Wie mängisch bin i doch am Grab vom Franzli gstande und ha gmeint, i müess mit em brichte. Wie mängisch hani i mi deheime no mit eme wysse Lyntuech zuedeckt und ha gmeint, i chönne jetzt ou zu mym Brüederli goh.

S Johr druuf, ou im Früehlig, bin i ganz schwär chrank worde. I de Fieberen inne han i wyssi Müüs gseh und der glych Dokter isch cho wie zum Franzli. I ha ghört, wie d Mueter a mym Bett briegget und bättet het.

«Du liebe Gott im Himmel, lohs nit loh gscheh. Gäll, strof mi nit, bisch nit so hert gäge mi. Mach mer der Bueb wider gsund und nimm mer ne nit wäg wie der Franzli.»

I ha aber luut grüeft: «Wo-wohl, liebe Gott, nimm mi nume. I wott em Franzli s blaue Pellerinli i Himmel ue bringe, ass er im Winter albe nit muess früüre.» ...

D Krisen isch gly verby gsi. I ghöre der Dokter hüt no, wien er der Mueter zueglächlet het. «Wo-wohl, er isch überem Bärg der Chly, müesst kei Angscht meh ha, Frou Poschthalter. Heit em chly zue mit em Ässe und machet em öppen es Pfannchüechli.» ...

D Mueter het mer grad grüüsli guet gluegt und gchüderlet.

A der Oschtere isch sie mit mer uf e Chilchhof abe gange. Uf em Grab vo mym Brüederli isch e schöne wysse Stei gstande und d Mueter het mer luut vorgläse, was druffe gschribe gsi isch.

Franzli
Ich bin daheim.

D Oschterglogge hei glüütet und i ha d Mueter fescht um e Hals gnoh und lysli zuen ere gseit: «Gäll, der Franzli het mi glych no gärn, wenn i jetzt scho no nit zuen em cho bi. Weisch, i bi gärn wider gsund worde.»

Das grosse Beat Jäggi Buchprogramm aus dem Habegger Verlag

Värsli und Gschichtli für Kinder:

Freud im Huus, Gedichte zum Vorlesen oder Aufsagen durch unsere Kleinen
Liechtli im Dezämber, Eine Fundgrube an Weihnachtsgedichten für alle Altersstufen
Mir lose zue, Märchen voll phantastisch aufregender und wunderbarer Ereignisse
Loset Chinder, Acht Märchen zum Vorlesen oder auch zum freien Erzählen
Juhui, es Gschichtli, Abenteuerliche Geschichten von Kindern und Tieren
Värse für jedes Fäscht, Kurze und längere Verse zum Aufsagen an Familienfesten
En Igelfamilie, Verserzählung von den Erlebnissen eines unfolgsamen Igelkindes
Der Fröscheprinz, Eine Froschgeschichte in Versen voller wunderbarer Abenteuer
Guet Nacht mys Chind, Geschichten zum Erzählen vor dem Einschlafen
s Mueti verzellt, Zwerge, Hamster, Eichhörnchen und Blumen bevölkern diese Märchen
Chumm is Märliland, Märchen für Kinder von heute
Verzell no öppis, Kindergeschichten voller Spannung

Gedichte und Novellen für Erwachsene:

Under de Stärne, Gedichte als tröstlich-weise Lebenssprüche zum Nachdenken
Tautröpfli, Gedichte, dem Lebensrhythmus von Freud und Leid nachspürend
So isch s Läbe, Ernste und heitere Erzählungen aus Stadt und Land
Em Liecht entgäge, Advents- und Weihnachtsgeschichten für besinnliche Stunden
Chlyni Wunder, Novellen aus der Weihnachtszeit, die voller Wunder ist
Schwärs und Liechts, Sechs Erzählungen aus der Vergangenheit und Gegenwart
Säg jo zum Läbe, Dieser Gedichtband ist die Krone von Jäggis bisherigem Schaffen
Niemer springt über sy Schatte, Lebensnahe Geschichten über Probleme von heute
Begägnige, Erzählungen von heute, voll der Problematik unseres Alltags
Erfahrige, Geschichten zum Nachdenken
S grosse Glück, Gedichte für junge Mütter
Heiteri Moral, Humor und Lebensweisheit
Spure, Lebensnahe, packende Erzählungen